Nicole Deck • Daniel J. Schüz

Ich schwimme ins Leben

«Wir sehen nicht, weil wir Augen haben.
Wir haben Augen, weil wir sehend sind.»

Martin Heidegger

Nicole Deck
Daniel J. Schüz

Ich schwimme ins Leben

Chronik eines angekündigten Freitods

Mit einem Nachwort
von Thomas Steiner
zum Phänomen Borderline

Zytglogge

Für meine Frau Marian
D.J.S.

4., ergänzte Auflage, 2000

Lektorat: Bettina Kaelin
Umschlagfoto: Tina Steinauer
Satz und Gestaltung: Zytglogge Verlag Bern
Druck: AZ Druck und Datentechnik GmbH, Kempten
ISBN 3-7296-0595-X

Zytglogge Verlag Bern, Eigerweg 16, CH-3073 Gümligen

Inhalt

Barcelona, im Juli 1997

Die Hitze des Nachmittags liegt wie eine feuchte Decke über der Stadt. Auf der Rambla flanieren Touristen im Schatten der Kastanienbäume – eine endlose Prozession rothäutiger Menschen in kurzen Hosen und klebrigen T-Shirts. Die katalanischen Ladenbesitzer haben vor den Schaufenstern die Jalousien heruntergelassen und sich zur Siesta zurückgezogen.

Nur die Strassenkünstler arbeiten. Hinter ihrer Staffelei döst eine Künstlerin auf einem Schemel. Um sie herum Brad Pitt, Tom Cruise und Julia Roberts, Herr und Frau Müller – alle mit glänzenden Augen und grinsenden Mündern in Kohle verewigt.

Eine hübsche Brünette mit vollem, lockigem Haar schlendert vorbei, bleibt vor dem Tom-Cruise-Konterfei stehen und zögert, während die Malerin lächelnd auf den leeren Stuhl zeigt. «Nur dreitausend Peseten», sagt sie in gebrochenem Deutsch.

Die Schweizer Touristin wirkt missmutig. Trotzdem sagt sie «Okay!» und setzt sich auf den Stuhl.

Nach einer halben Stunde ist das Werk vollendet. «Nicht schlecht», lobt die junge Frau, obwohl sie ihr Porträt sehr schmeichelhaft und eine Spur zu schön findet.

Aber bei den Augen hat sich die Künstlerin viel Mühe gegeben. Die sind nicht nur gut getroffen, denkt die Schweizerin, sie wirken richtig lebendig. Und während sie sich in das Abbild ihrer eigenen Augen vertieft, hellt sich ihre Miene auf. Sie beschliesst, das Bild zu Hause in ihrem Zimmer aufzuhängen.

Im Juli 1997 ist Nicole Deck neunzehn Jahre alt.

Im Rhythmus des Pendels

Der Tod. Die Hoffnung. Das Projekt

Nicole Deck wurde 22 Jahre, sieben Monate und 23 Tage alt. Am Samstag, dem 29. Juli 2000, um 19.20 Uhr, hörte sie im Zürcher Stadtspital auf zu atmen. Sie war aus dem tiefen Koma, in das sie rund 40 Stunden zuvor gefallen war, nicht mehr erwacht.

In die Trauer ihrer Angehörigen, die sich am Bett der Sterbenden abgelöst hatten, mischte sich ein Gefühl der Erleichterung: Die Befürchtung, dass Nicole, sollte sie auch diesen, ihren vierten Suizidversuch überstehen, mit einer noch schwereren Behinderung würde weiterleben müssen, war mit jeder Stunde grösser und schliesslich zur Gewissheit geworden. Für Nicole wäre es das fürchterliche Erwachen in einen neuen Alptraum gewesen.

Eine Woche zuvor hatte sie am Telefon einer Freundin anvertraut, dass sie nun im Besitz der Substanz sei – sie habe sie in ihrer Wohnung versteckt, so gut, dass niemand sie finden könne. Der Mann, bei dem sie das Barbiturat habe abholen müssen und dessen Identität sie nicht preisgeben wolle, habe ihr versichert, es handle sich um eine vierfach tödliche Dosis, die rasch und schmerzlos wirke. Am Sonntag würde sie es einnehmen.

Doch sie zögerte noch tagelang. Vermutlich hoffte Nicole bis zuletzt, jemanden zu finden, der ihr in der letzten Stunde beistehen würde. Ihre Angst, alleine sterben zu müssen, war gross. Noch grösser aber war die Angst, dass ihre unerschütterliche Selbsttötungsabsicht, etwa durch einen fürsorglichen Freiheitsentzug, vereitelt werden könnte.

Wahrscheinlich war sie doch allein, als sie – irgendwann in der Nacht vom Donnerstag auf den Freitag – das Pulver, den Anweisungen des unbekannten Lieferanten folgend, in einem Deziliter Wasser auflöste. Sie muss noch die Kraft gehabt haben, alle Spuren zu verwischen. Aber sie schaffte es nicht mehr, sich aufs Bett zu legen und auf den ersehnten Tod zu warten.
Als ihr Freund – beunruhigt, weil sie das Telefon nicht abnahm – am Freitagmorgen die Wohnung betrat, fand er Nicoles Körper verkrümmt in einer Ecke des Schlafzimmers liegen. Sie atmete nur noch schwach. Im Spital war die Temperatur ihres Körpers bereits auf 27 Grad gesunken.

Wenn Nicole Deck sich nicht zum Entschluss durchgerungen hätte, die Geschichte ihres Lebens niederschreiben zu lassen, wäre sie heute eines von rund 1500 namenlosen Schicksalen: So viele Menschen setzen in der Schweiz Jahr für Jahr ihrem Leben von eigener Hand ein Ende. Die Zahl der erfolglosen Suizidversuche wird auf das Zehnfache geschätzt.
«Selber schuld», meinen immer noch viele Menschen, wenn sie fahrlässig von «Selbstmördern» reden. Aber ein Mensch, der freiwillig aus dem Leben scheidet, ist kein «Mörder» – Mord setzt laut Schweizerischem Strafgesetzbuch neben dem Vorsatz auch «besondere Skrupellosigkeit und verwerfliche Gesinnung» voraus.

Mit dem vorliegenden Buch hinterlässt Nicole Deck ein Vermächtnis, das den skrupellosen und verwerflichen Mord an der Seele eines Kindes dokumentiert, begangen von Pflegeeltern und einem Heimleiter, die bis zum heutigen Tag dafür nicht zur Verantwortung gezogen worden sind.
Lieblosigkeit kann tödliche Folgen haben – das ist Nicoles Bot-

schaft an uns. Und: Seelisch verletzte Menschen können durchaus bei klarem Verstand sein. Sie haben ein Recht darauf, ernst genommen zu werden.

Auch ich muss mir den Vorwurf machen, sie nicht ernst genommen zu haben.
Am Morgen des 6. Juli, drei Wochen vor ihrem Suizid, waren wir einander zum letzten Mal begegnet. Nicole hatte mich gebeten, sie vom Wohnort ihres Freundes im Kanton Zug nach Zürich zu fahren.
«Nicole, ich mache mir Sorgen um dich!»
«Quatsch! Wieso denn? Mir geht es gut!»
«Ich glaub dir kein Wort. Seit einem halben Jahr schwimmst du nicht mehr, du hast deine Sprachausbildung abgebrochen ... Nicole, du brauchst ein neues Ziel!»
«Ich hab ja ein Ziel. Du kennst es. Es dauert nicht mehr lange!»
«Genau darum mach ich mir Sorgen!»
«Du – ich muss noch dringend was erledigen. Halte bitte bei der nächsten Post an!»
Am Schalter des Postamtes Zürich-Albisrieden kramte Nicole ein Couvert aus der Handtasche, einen Zettel und eine Hundert-Franken-Note.
«Bitte schreib folgende Adresse auf das Couvert ...» Sie diktierte mir die Anschrift eines Arztes in Cham. «Auf den Zettel da musst du meine eigene Adresse schreiben und auf die Rückseite: ‚gem. tel. Bespr.'.»
Noch während ich schrieb, wurde mir klar, was ich tat. Ich zögerte, überlegte mir, ob ich, für meine blinde Auftraggeberin unbemerkt, irgendetwas hinschreiben sollte – und folgte dann doch ihren Anweisungen. Nicole schob die Geldnoten in den Umschlag und liess diesen express verschicken.

Zurück im Auto konnte ich meinen Groll nicht verhehlen: «Du hältst mich wohl nicht für so bescheuert, dass ich nicht merke, wozu du mich hier eingesetzt hast!»
«Bitte, sag niemandem ein Wort, keinem Menschen!»
«Du hast mich instrumentalisiert, verarscht. Du hättest mich einweihen müssen!»
«Dieser Arzt wird mir ein todsicheres Mittel schicken; es wird mich absolut schmerzfrei von meiner Dunkelheit befreien!»
«Hat er dich überhaupt je einmal gesehen?»
«Du musst mir versprechen, dass du es für dich behältst. Du weisst, wie sehr ich es mir wünsche. Und du behauptest doch immer, dass du mich verstehst. Es ist das letzte Mal, dass ich dich um etwas bitte ...»
Wahrscheinlich habe ich es sogar ernst gemeint, als ich ihrem Drängen zögernd nachgab. Doch in den folgenden Stunden ging mir der Gedanke nicht mehr aus dem Kopf, dass Nicole vielleicht schon morgen dank meiner Unterstützung tot sein könnte.
Schliesslich griff ich zum Telefon, wählte die Nummer von Nicoles Psychotherapeuten Thomas Steiner – und brach mein Ehrenwort. Steiner rief umgehend den Chamer Arzt an, forderte ihn auf, sich nicht strafbar zu machen und seiner Patientin die hundert Franken zurückzuschicken.
Wenig später läutete mein Telefon: Wütend und verzweifelt kündigte Nicole Deck mir die Freundschaft. Ich erklärte ihr, dass ich mich gezwungen sah, zwischen zwei Übeln das kleinere – den Wortbruch – zu wählen, und tröstete mich mit der Hoffnung, dass ihr Zorn sich mit der Zeit legen würde.
Doch Nicole Deck liess mir diese Zeit nicht: Sie hatte inzwischen wohl eine andere Quelle für das tödliche Barbiturat gefunden. Der Chamer Arzt beteuert jedenfalls, das Gift nicht geliefert zu haben. Er behielt lediglich das Geld für sich, das

er für eine Leistung bekommen hatte, die offenbar nicht erbracht wurde.

Was mir bleibt, ist die Erinnerung an eine aussergewöhnlich intelligente, liebenswerte, starke und schöne Frau.
Meine erste Begegnung mit Nicole Deck war bezeichnenderweise sehr einseitig und auf die akustische Wahrnehmung beschränkt:

«... keinen Mann für eine Nacht, keinen Partner fürs Leben ...»
Die Stimme einer jungen Frau, munter und sympathisch.
«Ich suche nur jemanden, der mich zwei-, dreimal die Woche ins Fitness-Studio zum Krafttraining begleiten will.»
Ein Freitagabend im November 1998. An einer Tankstelle im Zürcher Oberland schiebe ich den Zapfhahn in den Einfüllstutzen und höre beiläufig die Stimme im Lautsprecher des Autoradios. In der Sendung «Eins zu eins» der Lokalstation «Radio 24» werden einsame Herzen fürs Wochenende verkuppelt.
«... Leistungssportlerin und habe ein Problem ...»
Es muss der Instinkt des Journalisten sein. Ich stutze, unterbreche den Benzinfluss und drehe das Radio lauter.
«... seit drei Monaten blind.»
Ich notiere mir die Telefonnummer; sie ist die halbe Nacht besetzt: Ein Mann, der – wie ich – spontan angerufen hat. Und auch er wird in ihrer unmittelbaren Zukunft eine entscheidende Rolle spielen.
Als sie endlich – gegen Mitternacht – abnimmt, wiegelt sie ab. Nein, sie habe keine spannende Geschichte zu erzählen; sie habe die Blindheit selbst verursacht. Irgend etwas in ihrer Stimme sagt mir, dass ich diese Frau kennenlernen muss. Nach kurzem Zögern willigt sie ein: Wir verabreden uns für den nächsten Mittag.

Aus dem Taxi, das beim Haupteingang des Hallenbads Oerlikon vorfährt, steigt eine junge Frau mit sportlicher Figur. Hennarotes Haar. Kirschrote Lippen. Schwarze Sonnenbrille. Auf den Gläsern fettige Flecken, Fingerabdrücke, die irritieren. Sie lassen ahnen, dass diese Brille keine Augen vor der Sonne schützt.
Der Taxifahrer hilft ihr beim Aussteigen. Ich gehe auf sie zu. «Hier bin ich!»
Sie lächelt in meine Richtung. Ihre Hand sucht meinen linken Ellenbogen. «Hoi», sagt sie. «Ich bi d Nicole.»
Während wir zu meinem Wagen gehen, streift mein Blick ihr Profil. Und bleibt an einer sternförmigen Narbe über der rechten Schläfe hängen. Der Schädelknochen darunter konkav deformiert. Hinter dem dunklen Glas die Ahnung einer leeren Höhle.
Ich erinnere mich an gestern Abend, an ihre Antwort auf die Frage des Moderators. Wie denn das komme, hatte dieser wissen wollen, dass sie seit drei Monaten blind sei. «Es war ein Unfall», antwortete sie. Und fügte rasch an: «Aber man sieht rein gar nichts!»

Beim Essen erzählt Nicole Deck die Geschichte dieses Unfalls. Eine Geschichte, die mit der Geburt vor 21 Jahren beginnt. Und kein Ende nimmt.
Sie erzählt das Leben einer Frau, die von Anfang an keine Chance hatte. Ein Leben, dessen bizarre Einzelheiten unglaublich sind. Erschüttert höre ich mir an, was dieser Frau bereits im Kindesalter zugefügt wurde. Und die Ungeheuerlichkeit, die sie sich selbst zugefügt hat.
Ich frage mich, wie dieser Stoff in den Rahmen einer 200-Zeilen-Story passen soll. Eine Quadratur des Kreises.

So viel Unrecht und Tragik, auf einundzwanzig Lebensjahre konzentriert – es ist kaum fassbar.
Mir wird klar, dass die Dimension dieser Geschichte meine journalistischen Möglichkeiten sprengt; deshalb mache ich ihr – halb ernst-, halb scherzhaft – einen Vorschlag:
«Über dich müsste man ein Buch schreiben.»
«Wer sollte das schon lesen?» Sie lacht bitter. «Für mein verkorkstes Leben interessiert sich doch keiner!»
«Und was ist mit den vielen Menschen, die auch jeden Tag daran denken? Was ist mit all jenen, die zurückbleiben? Du hast eine Botschaft für sie!»

Schon bald suchte ich Nicole regelmässig, oft täglich, in ihrer Drei-Zimmer-Wohnung in Zürich-Seebach auf. Intensive Gespräche, auf Tonband protokolliert, gaben das Rohmaterial für das Buch her, Mosaiksteine, die wir zu einem Lese-Bild zusammenfügten. Laufend las ich ihr die einzelnen Kapitel vor und liess sie autorisieren.
Zweierlei stand schon bei der Geburt der Idee fest:
Zum einen meine Absicht, den Journalisten in mir zurückzustellen. Nur wo die Brisanz der Fakten ergänzende Nachforschungen unumgänglich machte, habe ich zum Telefonhörer gegriffen oder Akten eingesehen. Grundsätzlich galt: Ich schreibe kein Buch über Nicole Deck. Es soll ein Buch von ihr werden. Ich stelle lediglich das sehende Auge und die schreibende Hand in den Dienst des gemeinsamen Projektes. Insofern kann der autobiografische Rückblick einer blinden Frau auf ihr junges Leben keinen Anspruch auf objektive Ausgewogenheit erheben.
Zum anderen stand Nicoles klare Haltung fest, niemanden verschonen, nichts beschönigen und keine falschen Hoffnungen

wecken zu wollen. Sie klagt an, aber sie steht auch zu den «Sünden» ihrer eigenen Vergangenheit.

Am 3. Juli 1998 reisst ein 11-Millimeter-Kleinkaliber-Projektil das Leben der jungen Frau entzwei: Nach 20 Jahren Lichtleben voller Schatten tastete sie sich durch ein Dunkelleben mit Lichtblicken – mehr als zwei Jahre lang.
Wer die Tragödie, die sich an jenem Frühsommertag in einer Zweizimmerwohnung in der zürcherischen Gemeinde Dachsen abspielte, auch nur annähernd verstehen will, muss wissen, was in den zwanzig Jahren, sechs Monaten und siebenundzwanzig Tagen davor geschah. Nur so wird auch der Schmerz nachvollziehbar, der Nicole Deck marterte: Sie pendelte – in den beiden letzten Jahren noch heftiger als in der Zeit des Lichts – zwischen Selbstzweifel, Todessehnsucht und Zuversicht: Sie pendelte von der Sterbehilfeorganisation «Exit», welche der Hoffnungslosigkeit ihrer Situation endlich ein Ende bereiten sollte, in die Stube einer medialen Seherin, durch deren Augen sie in die geistige Welt hinüberschaute – und neue Perspektiven für das irdische Leben erkannte. Sie pendelte zwischen der Freude über Freunde und Verwandte, die sie am Jahrestag ihrer Blendung nicht alleine liessen, und der Traurigkeit über die Vermutung, dass sie es vielleicht gar nicht aus eigenem Antrieb getan haben.
Die Bewegung dieses Pendels diktiert den Rhythmus des ganzen Projektes. Sie verbindet die Extreme, schwingt vom seelischen Absturz zur vagen Hoffnung und hebt – selten genug – ab zum euphorischen Höhenflug.
Das Pendel verknüpft das Vergangene mit der Gegenwart. Und manchmal auch mit der Zukunft.
Mal erlebe ich mich als sehenden Mann in der Seele einer blin-

den Frau, mal als asthmatischen Sprinter bei Kilometer fünf auf der Marathonstrecke.
Der Aufbau unseres Buches trägt dieser Pendelbewegung Rechnung. Es beginnt im ersten Kapitel mit einem finsteren Jahrestag, setzt sich im zweiten mit den denkbar ungünstigen Umständen rund um Nicoles Start ins Leben fort und kehrt im dritten zurück in die Zeitlosigkeit der geistigen Welt.
Die Ausschläge unseres Pendels werden von Kapitel zu Kapitel kleiner; wir bewegen uns auf zwei Zeitschienen gegenläufig auf den 3. Juli zu. Unterwegs lernen wir eine Vielzahl von Menschen kennen: Zeitgenossen, die Nicole bis zu ihrem Tod begleiteten, aber auch die Seelen verstorbener Menschen, die mit ihren Möglichkeiten versuchen, Einfluss zu nehmen.
Die Namen jener Menschen, die in Nicole Decks Leben eine unbelastete Rolle spielten, sind authentisch. Andere Namen haben wir aus unterschiedlichen Gründen verändert.

Dieses Buch ist kein Pranger. Nicole Deck nennt zwar Schuldige, aber keine Einzeltäter; sie klagt an, fällt aber kein Urteil. «Nicht einer allein hat mich soweit gebracht», sagt sie. «Aber viele haben dazu beigetragen!»

Am Morgen ihres dritten Suizidversuchs hat sie vier Abschiedsbriefe verfasst – Dokumente nun, die wir auf ihren Wunsch hin im ursprünglichen Wortlaut veröffentlichen.
Die Originale waren noch am Tag der Katastrophe von der Polizei kopiert, danach Nicoles letzten Pflegeeltern übergeben und von diesen unverzüglich verbrannt worden. Seither ruhen die Kopien im Aktenschrank des Andelfinger Bezirksanwalts. Ich habe ihn Mitte Juni aufgesucht, mich mit einer Vollmacht von Nicole ausgewiesen und um Akteneinsicht gebeten.

In dem Dossier fand sich, neben den Kopien der Abschiedsbriefe, auch der Rapport eines Korporals der Zürcher Kantonspolizei. Registriert unter «Gesch.-Verz. No. 134» zieht dieser Sherlock Holmes den messerscharfen Schluss, dass Nicole Deck Linkshänderin ist: « ... den vierten Schuss dürfte sie sich mit der linken Hand in die linke Schläfe verabreicht haben. Dazu dürfte sie sich flach auf den Rücken gelegt und ihren Kopf leicht nach rechts geneigt haben ...» Und weiter: «Das Projektil verliess ihren Kopf bei der rechten Schläfe ...»
Die Rechtshänderin konnte sich noch sehr genau erinnern, dass sie, als sie abdrückte, aufrecht und mit gekreuzten Beinen vor dem Cheminée sass. Sie hatte eine Narbe, eine nur – rechts, der Einschuss. Und keine Spur vom Ausschuss. Die Kugel war durchs linke Auge gegangen.
Ein Polizeiermittler, der rechts nicht von links unterscheiden kann; eine Vormundschaftsbehörde, die über Jahre hinweg nicht wahrnehmen will, wie Kinder von Pflegeeltern massiv misshandelt werden, eine Heimaufsicht, die einem gerichtsbekannten Pädophilen die Leitung eines Kinderheims anvertraut ...
Das Unrecht und die Fülle grotesker Ungeheuerlichkeiten, welche dieser jungen Frau widerfahren sind, lässt uns traurig den Kopf schütteln.

«Der Fall ist abgeschlossen», sagt der Andelfinger Bezirksanwalt. «Eine versuchte Selbsttötung ist strafrechtlich nicht relevant.»
Strafrechtlich nicht relevant. Welchem Recht unterliegt die moralische Verantwortung?
Nicole Decks Geschichte macht deutlich, wie das Recht die Gerechtigkeit verhöhnt und die Justiz die Moral ausschliesst. Sie lehrt, dass Lieblosigkeit kein Vergehen ist. Auch wenn sie dramatische Folgen hat.

Als Folge von Nicoles Tod ging eine Welle der Anteilnahme durch die Schweiz. Verschiedene Radio- und Fernsehstationen, bis hin zum «Sender Freies Berlin», ersuchten mich um Interviews. Wildfremde Menschen bekundeten mir ihre Betroffenheit.

An einer Trauerfeier, die der Zürcher Pfarrer Ernst Sieber am 7. August 2000 in Winterthur für Nicole Deck abhielt, stellte er die Schuldfrage: «Hätte man diesen Tod verhindern können?» Die Antwort liess er Nicole Deck selbst geben, als er aus dem Tonband zitierte, welches sie noch besprochen hatte, bevor sie das Gift schluckte: «Ich möchte die Schuld nicht einem anderen geben, sondern meinem Wesen, das versagt hat.»
Aber sie wollte auch nicht, dass man sie für das, was sie getan hat, schuldig spricht. «Sechsmal hat sie um Verzeihung gebeten», sagte Sieber. «Und wir sollten diese Bitte ernst nehmen, indem wir uns nicht zu Richtern aufspielen über das Leben und den Tod von Nicole!»
Damit wäre alles gesagt. Aber wer Ernst Sieber kennt, weiss, dass er seinen Worten gerne Taten folgen lässt. Schon am Tag nach Nicoles Verabschiedung rief der Pfarrer den Verein «inVita» ins Leben. Dieser Verein (PC 87-335-445-5) setzt sich zum Ziel

- suizidgefährdete Menschen aufzunehmen und unter Berücksichtigung ihrer Bedürfnisse praktisch und fachlich zu begleiten,
- durch sexuelle Übergriffe geschädigten Kindern die menschliche und fachliche Hilfe zukommen zu lassen,
- notleidenden Menschen zu helfen, ihr Leben würdig und sozial gesichert zu gestalten.

Cham, 10. August 2000
Daniel J. Schüz

3. Juli 1999

Ein Geburtstag, der keiner ist

Er rückte immer näher, und meine aussichtslosen Versuche ihn fernzuhalten, wurden immer verzweifelter.

Jetzt ist er da, und das hat immerhin den Vorteil, dass ich den Gedanken an ihn nicht mehr verdrängen muss. Spätestens morgen wird er Erinnerung sein und aufhören, durch mein Gehirn zu spuken.
Ich nehme ihn zur Kenntnis, aber ich mag ihn nicht würdigen, er ist, weiss Gott, kein Grund zum Feiern:
Der Tag, an dem zum letzten Mal die Sonne unterging, jährt sich heute zum ersten Mal.

Dieser prächtige Sommertag, der bislang wärmste des Jahres, ist kein Geburtstag und auch kein Todestag. Und doch beides zugleich.
Am 3. Juli 1998 wollte ich mein Leben ausmachen. Aber ich habe nur das Licht getroffen.
Mit dem Einbruch dieser langen Nacht bin ich ein anderer Mensch in einem anderen Leben geworden. Mein zweites, mein Dunkelleben, begann mit dem Schuss, der das erste, das Lichtleben, beendete.
Geburtstagskinder haben strahlende Augen. Sie laden Freunde ein, blasen Kerzen aus und stossen an.
Ich habe niemanden eingeladen, und ich glaube nicht, dass heute irgendjemand auf die Idee kommt, mit einem Kuchen oder einer Flasche unterm Arm bei mir aufzukreuzen. Sol-

che Freunde habe ich keine mehr. Ich mag auch keinen Champagner mehr. Vor allem aber mag ich kein Licht ausblasen, das ich nicht sehen kann.

Einer hat daran gedacht: mein Journi. Vorgestern wollte er wissen, ob ich was vorhätte heute, am Jahrestag. Was sollte ich schon vorhaben? Wir könnten doch am Abend zu viert essen gehen, meinte er. Er und seine Frau Marian wollten Marco und mich einladen. In Zürich-Affoltern kenne er eine nette Gartenbeiz.

Vielleicht wird ja doch noch jemand anrufen, meine Mutter zum Beispiel, oder Marion, meine Schwester. Der Krach mit Marion liegt mir immer noch auf dem Magen. Ich wäre so gerne am letzten Wochenende mit ihr ans Albani-Fest nach Winterthur gegangen. Wie früher. Doch Marion wollte mich nicht mitnehmen. «Ich weiss doch gar nicht, wie ich mit dir durch all die Leute komme», hat sie gesagt. Das sass, das hat tief drinnen sehr weh getan.
Am Nachmittag ruft sie tatsächlich an. Was ich denn so mache, fragt sie. Ich erzähle ihr, dass wir heute Abend mit dem Journi und seiner Frau essen gehen.

Wir sind sehr verschieden, meine Schwester und ich. Gemeinsam haben wir die schlimmsten Jahre unserer Jugend durchlitten. Ich bin daran zerbrochen. Sie blüht auf und hat ihr Leben im Griff.
Es belastet sie, dass ich sie brauche.
Manchmal hasse ich sie deswegen, und trotzdem liebe ich sie. Ich werde das Gefühl nicht los, dass ich viel mehr an ihr hänge als sie an mir.

Am Telefon gibt sie sich Mühe, nett zu sein, aber ich glaube, in ihrer Stimme immer noch diesen frostigen Unterton zu hören. Viel hat sie allerdings nicht zu berichten.
Aber was sollte sie auch schon sagen? Mir etwa gratulieren, dass ich das erste Jahr geschafft habe? Als ob dies eine Leistung wäre, auf die ich mir etwas einbilden kann.

Wer gratulieren will, muss sich gedulden, mindestens noch ein Jahr. Wer weiss, vielleicht werde ich mich bis dahin qualifiziert haben. Und wenn alles optimal läuft, ich wage ja kaum, daran zu denken, dann können sie mir in Sydney gratulieren, zum Edelmetall ... Oh, nein, ich will jetzt nichts verschreien.
Geburtstage und Jubiläen kommen und gehen ungerufen; sie bedeuten mir nichts mehr. Ich brauche Erfolgstage, Marksteine, die ich mir in die Zukunft setze; Tage, auf die ich mich freuen, für die ich kämpfen und die ich feiern will. Der Tag, an dem ich meinen ersten paralympischen Wettkampf bestreiten werde, ist so einer. Oder der Tag, an dem dieses Buch seinen ersten Leser finden wird.
Solange ich solche Tage in Aussicht habe, kann ich den Alltag überleben. Aus dieser Hoffnung schöpfe ich die Kraft für das Schwimmtraining und den Mut für die Arbeit am Buch.

Ich solle doch dankbar sein, meinen manche. Dankbar für eine gütige Fügung, die mir die Chance gibt, noch einmal von vorne anzufangen. Aber ich kann nicht dankbar sein für ein Dasein, das ich sehenden Auges nicht ertragen konnte und nun in der Finsternis fortsetzen muss.
Andere, allen voran die Journalisten und TV-Moderatoren, die mich in diesem Jahr um Interviews angingen und wäh-

rend Monaten von einer Talk-Show zur nächsten reichten, sähen in mir gerne so etwas wie eine Heldin des Alltags. Sie wollen mich als Vorbild an Unverzagtheit, Energie und Mut präsentieren. Eine, die sich ihrem Schicksal stellt, lässt sich auch besser vermarkten als eine gescheiterte Selbstmörderin. Doch genau das bin ich: Eine Grenzgängerin, die es nicht geschafft hat. Nicht einmal mit der todsicheren Methode.

Vielleicht, sehr wahrscheinlich sogar, werde ich es wieder tun.
Bis jetzt habe ich dieser Versuchung noch jedesmal widerstehen können; doch der verführerische Gedanke an den Tod als Erlösung aus meinem dunklen Leben ist wie eine Verheissung. Ich kann mir zwar nicht vorstellen, was danach sein wird, aber vielleicht ist der Tod ja wirklich so etwas wie der grosse Bruder des Schlafes.

So leidenschaftlich der Wunsch nach der Befreiung vom Zwang des Lebens, so ungeduldig ist meine Vorfreude auf die Träume der Nacht. Es sind nicht nur schöne Träume. Ganz im Gegenteil: Seit ich blind bin, werde ich häufig von entsetzlichen Alpträumen heimgesucht. Dann beobachte ich grausame Folterszenen – Menschenleiber, die aufgeschlitzt werden, Köpfe, in denen Sprengsätze explodieren.
Wenn ich hingegen Glück habe, lasse ich meinen Blick im Traum über liebliche Landschaften schweifen und erkenne vertraute Gesichter.
Etwas Gutes haben alle Träume: Sie geben mir das Licht zurück. Glasklar führt das Unterbewusstsein Bilder vors geistige Auge. Bilder, die im wachen Bewusstsein nur noch Erin-

nerungen sind. Mit jedem Tag verblassen sie ein bisschen mehr.
Genau wie mein Leben. Es verblasst. Es hat keinen Glanz mehr und keinen Sinn.

Ich weiss, dass es sich nicht ziemt, solche Gedanken zu äussern. Sie werden gerne als Drohungen, bestenfalls als versteckte Hilferufe empfunden.
Doch so ist es nicht.
Es ist so: Ich habe nie darum gebeten, dieses Leben leben zu dürfen. Deshalb darf auch niemand von mir verlangen, es so lange durchzustehen, bis es von alleine aufhört. Ich möchte auch nichts beschönigen, nur damit es besser ins Schema passt.

Und dann gibt es noch die Moralisten. Mit selbstgefälligem Bedauern zucken sie die Schultern und sagen: «Selber schuld!»
Sie haben Recht. Sie ahnen gar nicht, wie Recht sie haben. Das Gefühl, für alles Unglück verantwortlich und am Leid meiner Mitmenschen schuldig zu sein, hat mich schon immer begleitet.

Als der Journi am Abend endlich kommt – wieder mal eine halbe Stunde zu spät –, ist seine Frau nicht bei ihm.
«Wo hast du Marian gelassen?»
«Die wartet schon bei Tina.»
Tina Steinauer ist die Fotografin, die unser Buchprojekt begleitet. Sie hat das Titelbild fotografiert, das mit der Feder vor dem rechten Acrylauge. Und im November letzten Jahres, als meine Geschichte zum ersten Mal in einer Reporta-

ge veröffentlicht wurde, hat sie mich im Hallenbad Oerlikon abgelichtet. Seither begegnen wir einander immer wieder. Es macht Spass, ihr Modell zu stehen; ich spüre, dass sie mich versteht. Aber es macht mich auch traurig, dass ich die vielen Bilder nicht sehen kann, die sie von mir gemacht hat.

«Wieso bei Tina?»

Er druckst rum. Sagt etwas von einer Überraschung, und dass wir doch nicht ins Restaurant gingen. Tina habe nämlich ganz kurzfristig die Idee mit dem Grill-Abend im Garten gehabt.

«Aber wir haben doch klar und deutlich abgemacht, dass wir nur zu viert ...»

«... Sei jetzt nicht stinkig.» Marco unterbricht mich. «Er meint es doch nur gut!»

«Ich mag es nicht, wenn man Abmachungen nicht einhält!»

Auf der Fahrt zu Tina – sie wohnt in Freienstein, zwanzig Autominuten von mir entfernt – frage ich mich, was der Journi da wohl ausgeheckt hat. Ich traue ihm einiges zu! Allmählich verfliegt meine schlechte Laune. Und bald schon tut es mir leid, dass ich so schroff zu ihm war.

Die Überraschung ist gelungen: Als wir bei Tina eintreffen, höre ich vertraute Stimmen im Garten. Meine Mutter ist mit Marion gekommen. Und unsere Freundin Sheila ist auch da. Das freut mich besonders. Sheila hat mit Marion und mir die Jahre im Kinderheim verbracht.

Es kommen noch mehr: meine Patentante Ida Altherr, unsere erste Pflegemutter. Es hat ihr schier das Herz gebrochen, als meine Mutter uns von ihr wegholte, und ich habe ganze Nächte durchgeheult, weil ich sie so sehr vermisste. An meiner Konfirmation sah ich sie zum letzten Mal. Jetzt kann ich sie nur noch hören. Wir fallen einander um den Hals, und ich spüre, wie aufgeregt sie ist. Sie setzt sich zu mir; wir haben einander so viel zu erzählen.

Wenig später noch eine Stimme, warm und voller Liebe. «Grüezi, Frau Deck», sagt sie. «Aber jetzt möchte ich gerne Nicole zu dir sagen!» Evelyn S., das Medium. Vor zehn Tagen erst habe ich sie kennen gelernt und durch sie Geistwesen aus einer anderen Welt und mich selbst in einer anderen Zeit erlebt. Sie kommt mit Geschenken: Ein Badetuch, eine herrlich duftende Seife – «als Gruss aus dem Jenseits», lacht sie – und eine lange Bürste. «Damit kannst du den Schmutz wegschrubben», sagt sie. «Nicht nur den auf der Haut, auch den ganzen anderen Dreck!»

Tina hat ein reichhaltiges Gemüsebuffet mit Pesto-Pasta angerichtet, unsere Freunde Fritz und Marco sitzen schwatzend beim Grill, und Marian schenkt Wein ein. Der Journi klopft an sein Glas: Drei weitere Überraschungsgäste hätten so kurzfristig leider nicht kommen können, aber sie hätten ihm per Fax Grussbotschaften für mich geschickt, die er jetzt vorlesen wolle: Hugo Ramseyer und Bettina Kaelin, der Zytglogge-Verleger und die Lektorin, schreiben, dass sie sich auf den Tag freuen, an dem sie mir das erste frisch gedruckte Exemplar unseres Buches in die Hand legen können. Und Thomas Steiner, mein Psychotherapeut, teilt mit, er wolle sich die klugen Worte für unsere nächste Sitzung sparen und wünsche mir und allen anderen schlicht einen schönen Abend.

Ich habe mich im Kreise von Freunden und Verwandten schon lange nicht mehr so unbeschwert gefühlt wie an diesem Abend in Tinas Garten. Zu vorgerückter Stunde lasse ich mich sogar zu einer kabarettistischen Einlage hinreissen

und äffe das Lanolino-Schäfchen und Fredi Hinz nach. Marion und ich nehmen, als wir gegen Mitternacht aufbrechen, besonders herzlich voneinander Abschied. Unser dummer Streit ist längst vergessen.
Auf der Heimfahrt nehme ich mir vor, mich bei meinem Journi zu entschuldigen. Ausgerechnet er, der immer behauptet, nur zuhören und beobachten zu wollen, aber auf keinen Fall die Ereignisse zu beeinflussen, hat das alles für mich arrangiert.
Und genau das macht mich auch wieder traurig. Es zeigt mir in aller Deutlichkeit, dass die Menschen, die mir am meisten bedeuten, von sich aus nie auf die Idee gekommen wären, mich an diesem 3. Juli besser nicht alleine zu lassen. Nicht einmal meine Mutter hat daran gedacht. Sie schon gar nicht ...

Da fällt mir ein, dass ich meine Mutter kaum wahrgenommen habe an diesem Abend. Sie war hauptsächlich damit beschäftigt, die Attacken eines Schwarms von Junikäfern abzuwehren, und hat ansonsten herzlich wenig von sich hören lassen.
Es ist schön, dass sie wenigstens gekommen ist. Aber das bringt unsere schwierige Beziehung natürlich auch nicht ins Lot.
Sie hat Schuld auf sich geladen, von Anfang an – sie hat ihren Kindern keine Mutterliebe gegeben.
Und mir hat sie die Schuld an ihrem eigenen Elend zugewiesen.
«Deinetwegen hat er mich verlassen», hatte sie mir schon vorgehalten, als ich noch ein kleines Kind war. «Der einzige Mann, der mich wirklich geliebt hat!»

Den Vorwurf habe ich so oft zu hören bekommen, dass für mich zweifelsfrei feststand: Mit meiner Geburt hat das verpfuschte Leben meiner Mutter seinen Anfang genommen. Am Samichlaustag des Jahres 1977, meinem wirklichen Geburtstag.

Meine Mutter

Viele offene Fragen

Am 6. Dezember 1977 wurde ich im Kantonsspital Winterthur in eine Welt gepresst, in der ich nicht leben mochte, von einer Frau, die dieses Kind nicht aufziehen wollte. Ich wehrte mich, so gut ich konnte. Und schon vorher, noch im Mutterleib, hatte ich mich mit Händen und Füssen gegen die drohende Geburt gesträubt. Meine Mutter ist über Treppen gelaufen, rauf und runter; mit dem Zug gefahren, hin und zurück. Offenbar glaubte sie, auf diese Weise die Wehen erzwingen zu können. Später hat sie mir gesagt, sie sei überzeugt gewesen, dass ich ein Bub sei, weil ich so gross war und so widerspenstig.

Immerhin hatte ich es geschafft, den Zeitpunkt meiner Geburt um zwei Wochen hinauszuzögern. Und als die Niederkunft dann wirklich unvermeidlich wurde, musste meine Mutter stundenlang kämpfen, bis sie mich endlich geboren hatte.

Vielleicht tue ich meiner Mutter Unrecht. Vielleicht hat sie sich wirklich auf ihr drittes Kind gefreut. Aber sie hat diese Freude, falls sie da war, ebenso wenig zeigen können wie das, was man Mutterliebe nennt.

Mutterliebe ... Ich weiss nicht, was das ist. Ich habe es bestenfalls gelegentlich erahnen können.

Ich bin als Dritte gekommen.

Meine Mutter war mit ihren neunzehn Jahren selbst fast noch ein Kind, als sie – knapp zwei Jahre vor mir – mit Sarah und Rahel niederkam. Wenigstens wusste sie, wer der Vater der

Zwillinge war. Sie hatte sich sogar, obwohl er offensichtlich ein ernsthaftes Alkoholproblem hatte, mit ihm verlobt.
Weil sie nicht mit dem dicken Bauch auf dem Standesamt erscheinen wollte, war die Hochzeit auf einen Termin kurz nach der Geburt angesetzt worden. Doch dann, ausgerechnet zur Stunde, in der sie gebären sollte, wusste der Vater nichts Besseres zu tun, als sich auf einer Sumpftour voll laufen zu lassen.
Meine Mutter schickte ihn postwendend zum Teufel. Und die Zwillinge gab sie weg.
Die Amtsvormundschaft Winterthur brachte Sarah und Rahel vorerst bei der Pflegefamilie Ida und Werner Altherr unter, aber nur, um die Kinder zwei Jahre später erneut und endgültig zu verpflanzen: Meine Mutter hatte sie zur Adoption freigegeben, nachdem sie – diesmal mit mir – erneut schwanger geworden war. Offenbar fühlte sie sich, obwohl sie sich nie um ihre Kinder gekümmert hatte, hoffnungslos überfordert.
Ida Altherr hatte die Zwillinge lieb gewonnen; es fiel ihr unendlich schwer, sie wieder herzugeben. So war es für sie vielleicht ein kleiner Trost, als die Behörde ihr mit mir und später mit meiner jüngeren Schwester Marion wieder zwei Deck-Mädchen in Pflege gab.
Inzwischen ist Ida Altherr meine Patentante geworden; sie gehört zu den ganz wenigen Menschen, die ich in wirklich guter Erinnerung habe, weil sie mich nie enttäuscht haben.

Die Unfähigkeit unserer Mutter, ihre Kinder aufzuziehen, paarte sich mit ihrer Angst, uns zu verlieren. Sie konnte sich nicht um uns kümmern, aber sie wollte uns auch nicht hergeben. Besessen von der Furcht, jemand könne auf die Idee kommen, ihr die Töchter wegzunehmen, versteckte sie uns vor dem Rest der Familie. Wir wussten, dass es da noch einen Onkel gab, eine Stief- und eine richtige Tante, auch einen Grossvater und eine Stiefgrossmutter.

Die «richtige» Grossmutter hatte ich nie gekannt: Als sie ihrem schweren Krebsleiden erlag, war meine Mutter vier Jahre alt. Ich kannte sie nur aus ihren Erzählungen.

Damals glaubte ich – und das tue ich noch heute –, dass meine Grossmutter eine Frau gewesen sein muss, mit der ich mich gut verstanden hätte.

Ich erinnere mich noch gut, wie meine Mutter erzählte, ihr Mami habe die beste Aprikosenwähe der Welt auf den Tisch gezaubert. Das ist meine Lieblingswähe. Oder besser: war. Denn nebst dem Augenlicht habe ich auch den Geruchssinn zerstört. Seither gibt es für mich zwischen Aprikosen-, Rhabarber- und Zwetschgen- oder Zwiebelwähen kaum mehr einen Unterschied.

Ich konnte damals ja nicht ahnen, dass ich Jahre später ebendieser Grossmutter noch begegnen würde. Unter Umständen, die ich zuvor nicht einmal im Traum für möglich gehalten hätte: Durch das Medium Evelyn S.

Meine Mutter hat uns verheimlicht, versteckt und verleugnet. Wir durften niemanden von ihrer Familie sehen. Und keiner sollte uns zu Gesicht bekommen.

Immer wieder grüble ich darüber nach, wie mein Leben sich entwickelt hätte, wenn jemand aus der Verwandtschaft Gefallen an Marion und mir gefunden und uns bei sich aufgenommen hätte – zumal eine Tante selbst kinderlos geblieben ist. Wäre uns erspart geblieben, was wir später in den Pflegefamilien und im Heim erdulden mussten? Hätte ich mein Augenlicht noch?

Oft und inständig habe ich meine Mutter gebeten, das Geheimnis meines Vaters zu lüften. Sie hat stets eisern geschwiegen. Oder ist meinem Drängen mit immer derselben Floskel ausgewichen: «Ich kenne ihn nicht!»
Kürzlich habe ich sie erneut zur Rede gestellt: «Sag, wer ist mein Vater!» Da räumte sie vage ein, dass es einmal einen Ausländer gegeben habe, mit dem sie eine kurze Beziehung gepflegt hatte. Vom Tag an, an dem sie ihm eröffnete, dass sie schwanger sei, habe er nichts mehr von ihr wissen wollen und sei fortan verschwunden. Viel später sei sie ihm zufällig wieder begegnet, mit dem Baby im Kinderwagen. «Ach, das ist jetzt also das Resultat», soll er gesagt haben. «Ja, das ist deine Nicole!» Seither habe sie nie mehr etwas gesehen oder gehört von dem Mann.
«Aber der muss doch einen Namen haben», insistierte ich.
«Ich kann mich nicht mehr erinnern», gab sie zur Antwort. «Dein Vater war ein fantasieloser Liebhaber und als Mann eine einzige grosse Enttäuschung!»
Ich würde ihr gerne glauben. Auch gegenüber der Amtsvormundschaft hat sie es geschafft, den Namen des Mannes zu verheimlichen, mit dem sie drei Monate lang eine Beziehung unterhielt und der mein Vater sein soll. Er sei ein Saisonnier gewesen, behauptet sie. Vielleicht stimmt es ja auch. Meine Patentante glaubt zwar, es habe sich um einen Matrosen auf der Durchreise gehandelt ...
Ich werde dieses düstere Gefühl nicht los, ein Gefühl, das ich nicht erklären kann und das immer wieder Zweifel nährt: Ich glaube, dass meine Zeugung ein Akt der Gewalt war. Meine Mutter war auch nach Marions Geburt nicht in der Lage, auf Anhieb zu sagen, wer das Kind gezeugt hatte. Das stellte sich erst heraus, nachdem einer von drei fraglichen

Kandidaten durch einen Vaterschaftstest überführt worden war: Marion war in der Tat nicht das Resultat eines Seitensprungs, sondern die Tochter des seinerzeit offiziellen Verlobten meiner Mutter. Auch mit ihm hatte sie Heiratspläne geschmiedet. Die zerbrachen allerdings, als Marions Vater erfuhr, dass da noch ein anderes Kind war – das Kind eines Phantoms. So zumindest habe ich es lange Jahre gehört – und geglaubt.

Übers Wochenende durften Marion und ich sie jeweils besuchen; am Anfang abwechslungsweise nur eine von uns, später sind wir stets gemeinsam zu ihr gegangen.
Diese Wochenenden waren nicht besonders aufregend. Die Mutter konnte sich keine Wohnung leisten; sie wechselte häufig ihre Adresse. Diese kleinen Zimmer, meist mit Kochnische, waren immer schäbig eingerichtet: ein Bett, ein abgewetzter Ledersessel, ein kleiner Tisch, der Fernseher – damit hatte es sich. Bad und WC mussten wir häufig mit anderen Hausbewohnern teilen.
Meistens verbrachten wir die Tage gemeinsam vor dem Fernsehgerät, auch wenn draussen die Sonne schien.
Unsere Mutter baute die fantastischsten Luftschlösser; immer wieder versprach sie uns, dass wir eines Tages in einem grossen Haus wohnen und viel Geld haben würden. Wir glaubten ihr und freuten uns darauf. Aber wenn wir den Kühlschrank öffneten, gähnte uns meist nichts als Leere entgegen. So sah die Wahrheit unseres Lebens aus.
In den Nächten, die Marion und ich gemeinsam bei ihr verbrachten, gab sie mir deutlich zu verstehen, welche von uns sie bevorzugte: Marion durfte immer bei ihr im Bett schlafen, während ich mich mit einem Klappbett begnügen muss-

te. Dabei liebte ich sie von ganzem Herzen, damals, und ich bettelte um ihre Gunst. Manchmal, wenn ich besonders hartnäckig blieb, gab sie nach und liess auch mich unter die warme Decke kriechen.

Das war schön. Das waren die Momente, in denen sich zwischen uns Gespräche entwickelten, die ich nie vergessen werde.

«Mami», sagte ich einmal, «warum hast du eigentlich Marions Papi nicht geheiratet?» «Er hätte schon wollen», gab sie zur Antwort. «Aber als er erfuhr, dass ich von ihm ein Kind erwarte, konnte er sich plötzlich nicht mehr vorstellen, sein Leben mit einer Frau zu teilen, die das Kind eines anderen Mannes geboren hat.» «Aber ich kann doch nichts dafür, dass ich keinen Papi habe. Warum mag er mich denn nicht?» Nach einer langen Pause sagte sie: «Er hat nie deinen Kinderwagen schieben wollen!» Und fügte mit schmerzhaft vorwurfsvollem Ton an: «Du warst ein Störfaktor; er mochte dich nicht. Und als er mich vor die Wahl stellte, habe ich mich für dich entschieden!»

Lange Jahre habe ich das sehr ernst genommen. Aber inzwischen weiss ich, dass alles ganz anders war. Kürzlich erst habe ich von meiner Patentante erfahren, weshalb Marions Vater, der damals mit meiner Mutter bereits verlobt war, wirklich das Weite suchte: Sie muss noch mit mindestens drei anderen Männern Affären gehabt haben. Und als Marions Vater eines Nachmittags unplanmässig nach Hause kam, erwischte er sie in flagranti mit einem Nebenbuhler, einem Italiener. «Der verschwindet sofort aus unserem Bett», soll er gebrüllt haben. Und meine Mutter: «Er bleibt da!» Da habe Marions Vater sich aus dem Staub gemacht. Worauf sie den Vaterschaftstest durchsetzte, um den Kerl zur Alimenten-

Kasse zu zwingen. «So klein mache ich ihn», habe sie zu meiner Patentante gesagt und dabei die Spitzen von Daumen und Zeigefinger ganz nah zueinander geführt.

Meine Mutter hatte keine Ausbildung – die Coiffeuse-Lehre musste sie abbrechen, weil sie vom Shampoo Ekzeme an den Händen bekam. Behauptet sie jedenfalls.
Seit der abgebrochenen Lehre schlug sie sich mit Gelegenheitsjobs durchs Leben. Mal verkaufte sie Schuhe, mal servierte sie im Zürcher Café «Caravelle», dann wieder sass sie in Winterthur an der Kasse einer Denner-Filiale oder eines Möbelgeschäftes. Was sie dabei verdiente, reichte hinten und vorne nicht. Doch trotz ihrer Armut erlag sie immer wieder ihrer Schwäche für schöne Kleider und teure Accessoires. Sie konnte kaum sich selbst, geschweige denn ihre Kinder ernähren, aber sie leistete sich gelegentlich den Luxus, ins Erstklass-Abteil zu steigen, wenn sie mit dem Zug nach Zürich zur Arbeit fuhr.
Dauernd hatte sie irgendwelche Affären. Nie hatte sie Geld. Sie war ständig auf der Suche nach Wärme und fand meist nur die Gier der Männer. Sie wollte immer Spass haben und hatte fast nie Glück. Von drei Vätern hat sie vier uneheliche Kinder empfangen, sie hat sich mit zweiundzwanzig Jahren unterbinden lassen und ist später mit drei weiteren Männern Ehen eingegangen, die allesamt scheiterten. An einer dieser Hochzeiten waren auch Marion und ich dabei. Der Bräutigam fiel aus allen Wolken. Meine Mutter hatte ihm nur von einer Tochter erzählt, von mir. Er hatte geglaubt, wir seien Kolleginnen meiner Mutter. Jetzt erfuhr er, dass das andere Kind, Marion, auch eine künftige Stieftochter war, und von den Zwillingen hatte er noch gar keine Ahnung.

Meine Mutter hatte ihm bis zum Tag der Trauung vorenthalten, dass sie ausser mir noch drei weitere Kinder hat.

Wenn ich über die Frau nachdenke, die meine Mutter ist, empfinde ich vor allem Mitleid. Oft sitzt sie stundenlang vor dem Telefon, wartet auf den Anruf ihres letzten Liebhabers und weiss doch ganz genau, dass der längst nichts mehr von ihr wissen will.
Sie hat keine Freunde.

Manchmal habe ich Angst, denn ich erkenne unheimliche Gemeinsamkeiten – ich kenne ihren Hunger nach Liebe, die Verzweiflung der Unverstandenen. Wir haben beide denselben Ordnungssinn. Und wir wären beide gerne mehr, als wir sind. Sie sagt, sie sei «Wohnberaterin», wenn sie in einem Möbelgeschäft die Gestelle auffüllt. Und ich brüste mich mit dem absolvierten «Leiter-Kurs 2», obwohl ich bei der Jugendriegen-Leiter-Prüfung ziemlich glanzlos abgeschnitten habe. Mit dem Geld können wir beide nicht umgehen. Und mit den Männern haben wir beide kein Glück.
Ich kann meine Mutter in vielerlei Hinsicht sehr gut verstehen.
Genau deshalb traue ich ihr nicht. Aber ich weiss, dass tief in uns drin liebevolle Gefühle schlummern, die uns miteinander verbinden.
Sie kann sie mir bloss nicht zeigen. Und ich ihr meine auch nicht.
So sind wir, meine Mutter und ich: Wir tasten uns blind durchs Leben.
Da ist nur ein kleiner Unterschied: Meine Mutter hat Augen.

Das Medium

Verwandte Seelen

«Wo ist der Sinn?» Ich möchte es wirklich wissen. «Wenn ich keinen Sinn sehe, gehe ich!»
«Das kann ich gut verstehen», sagt Evelyn S. «Es ist dort sehr viel schöner!»
Ihre Stimme ist warm und einfühlsam, der Druck ihrer Hand fest und herzlich. Sie führt mich zu einem Stuhl und setzt sich mir gegenüber. Sie strahlt eine Ruhe aus, die Vertrauen weckt. Das flaue Gefühl, das ich eben noch im Magen hatte, ist verschwunden. Und meine Knie haben aufgehört zu schlottern.
Evelyn S. ist ein Medium. Sie soll die Fähigkeit besitzen, mit den Seelen – oder sind es Geister? – verstorbener Menschen Verbindung aufzunehmen.
Ich habe mir um solchen esoterischen Firlefanz nie gross Gedanken gemacht, und wenn, dann sehr skeptische. Es ist halt einfacher, wenn man alle Zweifel beiseite schiebt. Und es kann ein Trost sein – ein billiger allerdings –, wenn man sich so lange einredet, mit dem Tod nehme alles ein Ende, bis man es selber glaubt.
Und wenn es doch nicht so wäre? Wenn es weiterginge. Irgendwie. Was dann?
In den letzten Tagen habe ich ihn wieder gespürt, den Tod, deutlich wie schon lange nicht mehr. Und so nah, dass er mich beunruhigt. Was erwartet mich auf der anderen Seite? Auch jetzt ahne ich diese Nähe. Sie ruft sehr widersprüchliche Gefühle in mir wach.

Angst vor der Konsequenz. Gibt es in der geistigen Welt ein Tribunal für Selbstmörder? Sehnsucht nach Licht. Werde ich ein Lichtwesen sein?
Die Sehnsucht ist grösser als die Angst.
Wenn ich nur einen kleinen Hinweis auf das hätte, was mich drüben erwartet ...

Bevor ich gehe, möchte ich versuchen, hinüberzuschauen. Vielleicht kann Evelyn S. das Fenster öffnen. Wenigstens einen Spalt breit.
«Und dann möchte ich noch etwas wissen ...»
Ich höre ein Knacksen; sie betätigt die Aufnahmetaste des Tonbandgerätes.
«Ich möchte wissen, ob der Weg, den ich gehe, der richtige ist. Ich bin im Leistungssport eingestiegen. Der Sport macht mir unwahrscheinlich viel Freude, und ich bin, glaub' ich, auch ganz gut. Aber irgendetwas hemmt mich; die Angst vielleicht, dass ich die Ziele, die ich mir setze, niemals erreichen werde.»
«Es ist wichtig, dass der Leistungsdruck nicht Ihre Freude am Sport verdirbt. Mit Freude schwimmen bringt mehr Erfolg als mit dem Anspruch, die Beste zu sein. Sie glauben, die Anerkennung der anderen zu verlieren, wenn Sie Ihre Leistung nicht bringen. Akzeptieren Sie doch, dass Sie nicht mehr alles leisten können, was für andere ganz normal ist. Jetzt haben Sie die Chance, zu entdecken, dass man auch ohne Spitzenleistung geliebt werden kann.»
«Aber ich möchte mein Ziel erreichen!»
«Die Voraussetzungen sind da: Mit Ihrem Körpergefühl können Sie Kraft und Eleganz ideal verbinden – und schaffen es sogar in die vorderen Ränge, solange Sie die Freude am

Schwimmen nicht verlieren. Ich sehe die Wahrscheinlichkeit, dass Sie im nächsten Jahr an den Olympischen Spielen teilnehmen, bei 85 Prozent.»

«Glauben Sie, dass ich eines Tages Mutter sein werde?»

«Mit Ihrem rechten Eierstock ist etwas; der ist blockiert. Dafür arbeitet der linke für zwei ...»

Sie legt eine kurze Pause ein. «Sie werden sich mit Kindern auseinander setzen. Drüben, in der anderen Welt, werden Sie sich sehr liebevoll um die Seelen von Kindern kümmern, die in ihrem irdischen Leben allein gelassen worden sind. Sie kennen ihren Schmerz: Ermordete, missbrauchte, geschändete Kinder werden zu Ihnen gebracht, ganze Wagenladungen voll. Aber Sie brauchen gar nicht so lange zu warten und können diese Aufgabe auch schon in diesem Leben wahrnehmen.»

«Da ist noch etwas: Ich habe einen Freund, aber ich bin nicht wirklich glücklich mit ihm. Er ist schon einiges älter als ich, und drogensüchtig ist er auch. Es ist alles so schwierig. Ich frage mich, ob ich mit diesem Mann eine Zukunft haben kann. Ich frage mich, ob ich noch mehr Geduld aufbringen muss.»

«Gut, legen wir los!»

Sie sagt es resolut, mit erfrischender Fröhlichkeit, und klatscht dabei in die Hände.

«Ich sehe Ihre Aura – nein, warum haben Sie denn Angst? – sie ist so eng, Ihre Aura! Und ich sehe die Energie, die sie hervorbringt. Ihr Körper ist das eine – eine Hülle, die ein bisschen beschädigt worden ist. Aber wer ist schon perfekt?» Sie lacht glucksend. «Wenn Sie könnten, würden Sie sehen, dass ich viel zu kurze Beine habe und zu dick bin!»

Plötzlich wird sie ganz ernst.

«Das andere ist die Energie selbst, die Seele. Sie kann nicht sterben, sie war immer da. Und sie wird immer da sein – auch wenn Sie eines Tages die Hülle abgeben. Da sind aber auch Geschichten, die sich in früheren Leben zugetragen haben, es sind mehrere; wir werden sie uns anschauen. Es hat viel mit dem Leben zu tun, das Sie hier führen müssen ...»
Aha, jetzt kommt es. Wusst ich's doch.
«Nein, vergessen Sie Schuld und Sühne! Ob eine alte Frau an Krebs stirbt oder ein junger Bursche sich von einem Hochhaus stürzt, ist unbedeutend. Die geistige Welt macht da keine Unterschiede. Ich habe sehr hässliche Seelen erlebt, die einen schönen Tod hatten, aber auch schöne Seelen, die ganz grausam sterben mussten.»
Sie spürt meine Angst.
«Mir wird gezeigt, dass Sie eine Erfahrung gesucht haben für dieses Leben. Das ist natürlich nicht so einfach, vor allem nicht, wenn die Seele nicht mehr weiss, dass mit dieser Erfahrung ein alter Wunsch in Erfüllung geht.»
Ich verstehe nicht ganz, was Evelyn S. damit sagen will. Noch nicht. Aber ich möchte sie nicht unterbrechen.
«Ich sehe Ihre Aura in Farben, sie ist jetzt noch ganz nah an Ihrer Hülle. Aber je wärmer wir werden miteinander, je wohler wir uns fühlen, desto mehr öffnet sie sich und nimmt immer mehr Raum ein. Sie wollen sich schützen, weil Sie es nicht mögen, wenn sich im Tram einer zu Ihnen setzt und seine Akten auf dem Nebensitz ausbreitet. Das ist ein Übergriff. Und Sie haben Erfahrung mit Übergriffen. Sie sind sehr respektlos behandelt worden. Aber es war niemand da, der sich für Sie eingesetzt hätte. Sie waren so verletzlich – wie eine Schildkröte, die keinen Panzer hat, um sich zu schützen ...»

Mich fröstelt. So habe ich mich gefühlt, als ich im Heim war, und K. seine widerlichen Spiele mit mir spielte. Woher kann die Frau das wissen? Vielleicht hat sie es ja von meinem Therapeuten Thomas Steiner erfahren. Der hat mir den Kontakt zu dieser Frau vermittelt.

Ich will mein Misstrauen überwinden.

«Ah, Ihre Aura dehnt sich aus, ein feiner Faden, Sie fassen schon ein bisschen Vertrauen zu mir. Sie müssen spüren, dass Sie nicht ohnmächtig sind, sondern Gegendruck geben können.»

Ich will ehrlich sein: Eigentlich spüre ich gar nichts.

«Ich sehe, dass Sie einen vifen Verstand haben. Sie haben eine sehr clevere Seite. Ihr Witz und Ihre vielen Ideen sind wie quirlige Luftblasen, die blubbernd Ihre Aura durchsetzen. Das passt nicht zu Ihrem Beruf. Damals mussten Sie viel einteilen und organisieren, waren immer darauf bedacht, den Überblick zu behalten. Ich sehe eine Menge Papier – Papierkrieg ... Versicherungsbranche oder so.»

«Stimmt!» Ich bin verblüfft, zugleich aber noch immer skeptisch; sie kann ohne weiteres in Erfahrung gebracht haben, dass ich meine kaufmännische Lehre bei einer Versicherung gemacht habe. Und bei der Lehrabschlussprüfung durchgefallen bin. Mir ist zwar klar, warum es passiert ist; trotzdem war mein Selbstvertrauen bös erschüttert. Im letzten Sommer, kurz bevor ich blind wurde, hätte ich meine zweite Chance wahrnehmen sollen ...

Aber warum geht sie nicht auf meine Fragen ein?

«Ich komme schon noch auf Ihr Anliegen», sagt sie. «Das gehört alles zusammen. Aus Ihren Händen fliesst liebevolle, heilende Energie. Wenn Sie Pflanzen, Tiere oder Menschen anfassen, können Sie gute Kräfte weitergeben.»

Wenn sie wüsste, dass mir früher, als ich noch arbeiten konnte, im Büro alle Pflanzen jämmerlich eingegangen sind ...
«Aber Sie haben wenig Geduld. Sie suchen den raschen Erfolg. Wenn sich etwas nicht sofort umsetzen lässt, fällt Ihre Motivation in sich zusammen. Und dann kommen die Selbstzweifel.»
Wie Recht sie hat.
«Banken und Versicherungen sind nicht Ihr Gebiet; dafür denken Sie viel zu frech, frech im kreativen Sinn. Sie fallen aus dem Rahmen. Alles, was innerhalb des Rahmens liegt, macht Ihnen Mühe.»
Das gefällt mir. «Da gibt es viel zu kämpfen», sage ich und muss lachen.
«Sie haben enorm viel schauspielerisches Talent. Sie fühlen sich in andere Menschen ein und haben die Gabe, verschiedene Charaktere zu karikieren. Sie schlüpfen gerne in andere Rollen, aber es fällt Ihnen schwer, Ihre eigene Rolle zu spielen. Etwas Körpertherapeutisches, nicht in irgendeiner Psychogruppe, es muss locker sein, improvisiert – das käme Ihrer Begabung entgegen. Sie könnten Menschen, die in einen Rahmen gezwängt, die in einer Kiste vernagelt sind, aus der Reserve locken.»
Das ist nun wirklich erstaunlich. Das hat Thomas Steiner ihr nicht erzählen können: Es macht mir tatsächlich unglaublich Spass, bekannte Stimmen – zum Beispiel Viktor Giacobbos Figur Fredi Hinz – nachzuahmen.
«Da ist ein Mann, eine Liebesgeschichte – Sie sind sehr enttäuscht, Ihre Gefühle sind missbraucht worden. Die Voraussetzungen stimmten nicht. War er verheiratet?»
«Das war er tatsächlich!» Mir ist klar, dass sie nicht von Marco redet; es ist Andi, der Mann, der mein Herz gebrochen hat,

bevor ich das Augenlicht verlor. «Er war verheiratet, aber er hat es mir verheimlicht; ich habe es von anderen erfahren müssen!»

Bis anhin sind die Worte nur so aus ihr herausgesprudelt, aber jetzt, wo sie offensichtlich Andi erkennt, zögert ihre Stimme. «Ich möchte vermeiden, Menschen zu werten, aber bei ihm fällt es mir schwer, wertfrei zu bleiben. Er ist ein erfolgsorientierter Mann, ein Winnertyp, einer von denen, die gerne eine Rolex am Handgelenk zeigen.»

Ich muss still in mich hineinlachen. An Andis Uhr habe ich zwar keine Erinnerung mehr; aber so eine Macho-Edelmarke hätte gut zu ihm gepasst.

«Zweifellos schätzte er Ihre Intelligenz, auch Ihr attraktives Äusseres. Vielleicht hat er Sie sogar lieb gehabt. Und Sie waren überglücklich, jemanden gefunden zu haben, der Ihnen geistig das Wasser reichen konnte. Dieser Mann verkörperte Erfolg, er roch förmlich danach, und das gefiel Ihnen auch nicht schlecht. Schliesslich sind Sie keine Mutter Teresa, die ihre Mission darin sieht, andere aus der Gosse zu ziehen. Sie haben die Energie einer Selfmade-Frau, die niemandem auf der Tasche sitzt und das Beste aus ihren Möglichkeiten macht. Sie sind diese Beziehung mit sehr guten Gefühlen eingegangen und haben sogar schon daran gedacht, mit diesem Mann eine gemeinsame Zukunft zu planen. Und dann müssen Sie gottsjämmerlich beschissen worden sein!»

Langsam wird mir diese Frau unheimlich. Unheimlich in einem durchaus angenehmen Sinn.

«Es ist jemand da, eine Verstorbene ...»

Ganz abrupt wechselt sie das Thema, ihre Stimme hat sich verändert. Sie ist eine Tonlage höher geworden.

«Sie war schon da, bevor Sie gekommen sind, und ist ganz aufgeregt, weil jetzt zum ersten Mal die Gelegenheit gekommen ist, sich Ihnen zu offenbaren. Sie ist schon immer bei Ihnen gewesen, besonders in der frühen Kindheit, als Sie allein gelassen worden sind – sie hat alles mitgemacht. Mein Gott, welche Liebe, welche Wärme! Diese Frau strahlt Wohlbehagen aus – wie ein Ofenbänklein! Ich spüre grossmütterliche Gefühle. Es ist mehr als eine genetische Verwandtschaft. Eine Seelenverwandtschaft verbindet Sie mit dieser Frau. Sie beschützt Sie – vor allem auch in Bezug auf die Verwandtschaft ...»

Mein Grosi! Ein wohliges Schauern durchfährt mich.

Ich bin ihr nie begegnet; aber irgendwie kenne ich sie.

«Ich sehe, dass Sie schon in einem früheren Leben eine innige Beziehung miteinander gehabt haben müssen. Sie hat Ihnen etwas mitgebracht, sie hat eine energetische Chriesiwähe gebacken ...»

Nein, denke ich, nicht Kirschen – es müssen Aprikosen sein!

«... mmmhh, mit Puderzucker drauf! Herrlich, wie das duftet! Sie sagt, sie habe Ihnen immer Nahrung gegeben, energetische Nahrung, immer wieder. Diese Wärme, diese Liebe – das gilt Ihnen. Sie will Ihnen ersetzen, was Sie in Ihrer Kindheit so sehr entbehren mussten.»

«Ich möchte mein Grosi etwas fragen.»

«Alles, was diese Verbindung verstärkt, ist gut.»

«Warum hat sie das alles zugelassen?»

«Sie haben sehr gute Gefühle in diesen Burschen investiert, diesen Andi – sind aber um diese Gefühle betrogen worden, und das ist in Ihre Geschichte eingebettet. Eingriffe, die mit dem Lebensweg nicht übereinstimmen, sind nicht zulässig. Ihr Grosi ist da, um Ihnen beizustehen und Sie in den Arm zu nehmen, wenn das Schicksal zur Zumutung wird. Aber sie ist keine Zauberin, die Ihr Leben plötzlich wunderbar werden lassen kann. Sie ist sehr stolz auf Sie, auf die Kraft, mit der Sie bisher durchs Leben gegangen sind. Jetzt legt sie diesen Sack voller Kirschsteine in einen Ofen; und sie legt Ihnen eine Decke auf die Schultern und über den Oberkörper. Dort, wo Sie am meisten frieren, werden Sie die Wärme Ihrer Grossmutter spüren. Sie wird Ihnen Ruhe bringen, wenn Sie abends keinen Schlaf finden. Vielleicht werden Sie Musik hören, wo gar keine Musik ist – das kommt dann von der Grossmutter!»

«Das ist schön», höre ich mich sagen. Meine Zweifel schwinden und das Vertrauen wächst. Was immer diese Frau spürt oder sieht – es tut mir gut. Evelyn S. reibt die Hände aneinander und fährt fort.

«Da ist ein Mann, etwa aus der gleichen Generation wie Ihre Grossmutter, die beiden verstehen einander sehr gut.»

Ich höre sie schmunzeln.

«Beide haben dasselbe Anliegen: Sie wollen, dass es Ihnen gut geht. Er wirkt etwas grobschlächtig, ist aber sehr gerechtigkeitsliebend. Und sehr empört ist er über seinen Enkel, der so unehrenhaft mit dieser jungen Frau umgesprungen ist. Der gute Ruf seines Namens ist beschädigt worden, und das will er jetzt wieder in Ordnung bringen. Er kommt als Staatsanwalt, der eine Verhandlung führt, eine energetische Verhandlung, damit Sie Ihre Klage vorbringen können und zu Ihrem Recht kommen!»

Auch diesen Menschen habe ich nie gekannt, aber mir ist klar, dass wir es mit Herrn K. zu tun haben, Andis Grossvater. Ich bin etwas erstaunt: «Warum kommt ausgerechnet er zu mir?»

«Weil es um sein eigenes Fleisch und Blut geht, Andi ist sein Enkel!»
«Kümmert sich der Grossvater auch um all die anderen Frauen, denen der Enkel übel mitgespielt hat?»
Sie überlegt kurz.
«Nein, so spüre ich das nicht. Er hat ein besonderes Verhältnis zu Ihnen, weil Sie und er dasselbe Rechtsempfinden haben. Und er freut sich, dass Sie ihn an sich herankommen lassen. Sie können ihm alles erzählen, was seinen missratenen Enkel betrifft!»
Der missratene Enkel interessiert mich im Moment nicht besonders. Ich möchte dort sein, wo sein Grossvater und meine Grossmutter nun sind – das ist mein Problem. «Ich war so sicher, dass ich sterben würde», sage ich. «Aber jetzt bin ich einfach blind. Das ist so gemein; ich hätte gern eine Antwort ...»
«Ich sehe Sie in einem vorangegangenen Leben: Sie sind ein junger, hübscher Bursche, ein rebellischer Typ, irgendwo im nordeuropäischen Raum, wahrscheinlich Holland. Eine Führerpersönlichkeit. Da ist viel Ungerechtigkeit und Grausamkeit. Menschen werden unterdrückt, Bauern murren, und Sie rütteln sie auf. Jammern nütze nichts, sagen Sie, man müsse sich auflehnen gegen die Willkür der Obrigkeit. Es tobt eine blutige Schlacht. Berittene Organe der Staatsgewalt metzeln die Menschen um Sie herum mit blitzenden Säbeln nieder – Frauen, Männer, Kinder ... Die Schlächter machen keine Unterschiede. Überall blutige Verbände, Menschen mit amputierten Gliedmassen und ausgestochenen Augen. Ich sehe Sie mittendrin in dem grausigen Chaos. Aber Ihnen ist nichts passiert. Sie sind unversehrt geblieben, und ich sehe Sie ratlos. Es hätte Ihnen nichts ausge-

macht, für die gute Sache zu sterben. Die Gerechtigkeit ist Ihnen wichtiger als das Leben; eigentlich hätten Sie ganz gerne gewusst, wie es ist, an der Ungerechtigkeit der Welt zu zerbrechen.»

«Das ist die Erklärung», falle ich ihr ins Wort. «Heute weiss ich, wie das ist!»

«Sie haben es erlebt. Und Sie erleben das Damit-Weiterleben. Es ist wichtig, dass Sie dieses Zerbrechen mit jeder Faser Ihres Daseins spüren. Diese trostlose Ohnmacht ohne jede Perspektive, das haben die Bauern, die sich mit Ihnen gegen die Obrigkeit auflehnten, auch durchgemacht. Jetzt stecken Sie da drin, und genau das ist es, was Sie sich damals vorgenommen haben!»

«Aber heisst das nicht auch, dass ich jetzt gehen darf ...»

Sie zögert, kurz nur. «Sie können dieses Buch auch einfach zuschlagen. Es warten neue Erfahrungen auf Sie. Wenn Sie sie nicht in diesem Leben machen, dann halt im nächsten; das kommt nicht so drauf an.»

Im nächsten Leben? Um Gottes willen! «Und dann fängt alles nochmal von vorne an?»

«Nein.» In ihrer Stimme schwingen Mitgefühl, Verwunderung und auch Belustigung mit. «Denselben Mist müssen Sie nicht noch einmal führen!»

Das Gespräch fällt mir ein, das ich vor vier Tagen mit meinem Journi führte. Seit einigen Wochen arbeite ich mit ihm an dem Buchmanuskript. Meist kreuzt er schon am frühen Morgen mit seinem Tonbandgerät auf und macht sich Notizen. Manchmal hört er mir auch einfach nur zu.

An diesem Freitag stellte er sein Gerät nicht ein. Mir war nicht danach, über mein Leben zu erzählen. Ich wollte über meine Gefühle und Ängste reden. «Meinst du, dass da noch etwas ist – nach dem Tod?» Ja, sagte er, davon sei er sogar überzeugt. «Und wie ist das mit den Selbstmördern – gibt es für sie ein besonderes Jenseits?» Vielleicht, meinte mein Journi, bekämen Selbstmörder in einem besonderen Verfahren des Jüngsten Gerichts die Chance der Revision. Aber wissen könne er das natürlich auch nicht.

Wenn es jemand weiss, dann diese Frau.

«Werde ich im Fegefeuer landen?»

«Gewiss nicht, das ist eine Erfindung der Menschen. Ich spüre nur, dass Sie sich weiterentwickeln – auch ohne Ihren physischen Körper.»

«Gibt es noch eine Aufgabe für mich? Etwas, das mein Leben hier spannend macht?»

«Ich sehe Liebesglück; aber das hat nichts mit dem Mann zu tun, der jetzt an Ihrer Seite steht. Wenn Sie sich für diese Welt entscheiden, werden Sie die Erfahrung machen, um Ihrer selbst willen geliebt zu werden. Ich sehe eine neue, eine glückliche Beziehung mit einem Mann ...»

Sie hält kurz inne. Dann sagt sie: «Jetzt kommt er!»

Wer? Mein zukünftiger Liebhaber? Oder ein neuer Geist?

«Es ist Ihr Partner, ich spüre die Energie eines Menschen, der Ihnen sehr nahe steht.»

Marco ist doch gar nicht tot!

«Gleich meldet er sich.»

In diesem Moment läutet es an der Tür. Mir fällt ein, dass Marco gesagt hat, er komme mich nach einer Stunde abholen. Aber es sind noch so viele Fragen im Raum. Auch in Bezug auf Marco – wir haben so viel gemeinsam. Trotzdem passen wir einfach nicht zueinander.

«Es ist gut», sagt sie. «Im Moment ist es gut, dass Sie beide zusammen sind. Er ist besorgt. Er mag Sie sehr, und er hat das Bedürfnis, Sie zu beschützen. Es macht ihn stark, wenn er Ihnen seine Kraft geben kann. Aber er hat halt auch seine Geschichte. Er möchte kein Versager mehr sein und sucht eine Aufgabe. Sie aber wissen nicht so recht, welche Absichten er mit Ihnen verfolgt!»

Stimmt genau. Manchmal lässt mich das Gefühl nicht los, Marco sei nur aus lauter Bequemlichkeit bei mir.

Ich habe Angst um ihn. «Er sagt, er werde zu Grunde gehen, wenn ich nicht mehr da bin. Das macht es mir unglaublich schwer; ich fürchte, dass er dann vollends im Drogenelend versumpft. Aber ich will wirklich gehen!»

«Sie würden ihm eine Aufgabe wegnehmen, aber daran wird er nicht zerbrechen, wenn sein mütterliches Wesen eine neue Aufgabe findet.»

«Liebt er mich denn wirklich?»

«Was immer Liebe ist ... Er meint es schon ernst, aber ich spüre auch, dass er mit der Familie, die Sie gründen werden, nichts zu tun hat.»

Längst ist die vereinbarte Stunde überzogen, und ich denke, dass sie jetzt die Sitzung abbrechen wird. Stattdessen klatscht sie wieder in die Hände und hebt die Stimme.

«Sonst noch jemand, jawohl, eine junge Frau ist da, kaum älter als drei-, vierundzwanzig Jahre. Sie sagt, sie sei mit Ihnen im Heim gewesen. Als Mädchen hatte sie dunkle Haare, dunkle Augen, ein sehr hübsches Kind, still und zurückgezogen.»

Laura – das muss eine der beiden Lauras sein. Von den wenigen Mädchen im Heim kommen nur diese beiden in Frage. Laura und Laura, sie waren ein paar Jahre älter als Marion und ich, und sie hatten zufällig denselben Vornamen. Schwierige Kinder, immer streitsüchtig, aber auch sehr schweigsam und zurückgezogen. Die Heimleitung hatte ihre liebe Mühe mit ihnen: Sie standen stets abseits und widersetzten sich den Regeln der Gemeinschaft wo immer sie konnten. Häufig sind sie auch einfach abgehauen. Ich hatte sie nie besonders gemocht, und sie mich wohl auch nicht.

Warum ist ausgerechnet Laura hier?

«Sie bietet Ihnen Freundschaft an», sagt Evelyn S. «Sie sagt, sie habe die Kraft, Sie zu tragen, wenn Sie sich dafür entscheiden, hier zu bleiben. Laura weiss genau, wie es ist, wenn man nicht zuhört; sie hat ja selbst wenig dazu beigetragen, weil sie schon zu Lebzeiten still geworden ist. Sie hat sich damals verweigert, dem Leben ...»

«Hat sie sich auch umgebracht?»

«Sie hat sich dem Leben verweigert. Aber jetzt geht es ihr gut!»

Ich habe Laura, seit ich das Heim W. verlassen hatte, nie mehr gesehen. Aber was Evelyn S. sagt, stimmt: Etwa vor anderthalb Jahren muss sie sich den Goldenen Schuss gesetzt haben – sie hat sich langsam und qualvoll umgebracht. Aber sie hat es geschafft.

«Und wenn ich trotzdem gehe ...»

«Dann können Sie selbst mit Laura reden – viel besser als ich!» Evelyn S. ändert plötzlich den Tonfall ihrer Stimme. «Und Sie, Frau Deck», sagt sie, «Sie können jederzeit wieder zu mir kommen.»

Damit schliesst die Seherin das Fenster zur anderen Welt. Wie aber soll ich nur ihre Einladung verstehen?

«Darf ich auch kommen, wenn ich tot bin?»

«Selbstverständlich!» Da ist es wieder, dieses fröhliche, mild glucksende Lachen. «Aber Sie werden nicht tot sein. Nur verstorben!»

«Können Sie denn auch den To..., den Verstorbenen helfen?»
«Viele verlieren die Orientierung, wenn sie, zum Beispiel durch einen Unfall, unerwartet aus dem Leben gerissen werden. Im Winter, als ich beim Skifahren auf der Diavolezza war, stürzte eine ganze Gruppe junger Männer auf mich zu. Sie hatten erkannt, dass ich sie verstehen konnte. Irgendetwas sei passiert, sagte einer von ihnen, seither hätten sie die Orientierung verloren, weil niemand sie mehr hören würde.»
«Und?» Die Geschichte gefällt mir. «Was haben Sie geantwortet?»
«Ich sagte ihnen, dass sie in einer Lawine umgekommen seien. Und weil sie es nicht mehr ganz geschafft hätten, von der physischen Welt Abschied zu nehmen, sei es ihnen bis jetzt auch nicht gelungen, den letzten Schritt in die andere Welt zu tun – obwohl doch dort so viele liebevolle Wesen auf sie warteten.»

Inzwischen sind anderthalb Stunden vergangen. Und ich hätte noch so viele Fragen. Aber ich spüre, dass ich diese Frau wiedersehen werde – wie auch immer ...
Die Stunde kostet 130 Franken. Ich taste im Portemonnaie nach einer Hunderter- und einer Fünfzigernote. «Nein», sagt sie. «Fünfzig ist genug.»
«Sicher nicht. Das war's mir wert!»
«Ihre Grossmutter sagt mir, dass ich nur fünfzig Franken nehmen darf!»
«Das kann ich fast nicht annehmen!»
«Und Grossvater K., der Staatsanwalt, sagt, mit diesen fünfzig Franken beginne die Gerechtigkeit, die Sie suchen und die er Ihnen zukommen lassen will!»

Mit zittrigen Knien und bebendem Herzen lasse ich mich von Marco zum Auto führen. Ich fühle eine seltsame Befriedigung, oder besser: eine Befriedung. Und ich bin todmüde – zu Hause werde ich mich sofort ins Bett legen.
Während wir durch die Strassen von Zürich fahren, wirkt die Stimme des Mediums nach. Die Wärme meiner Grossmutter. Die Fürsprache dieses Staatsanwalts. Laura, die mich begleiten will, hier, in dieser Welt. Und der holländische Rebell inmitten verstümmelter, geblendeter Bauern.
Diese Sache sei überwunden, hat sie gesagt. Aber es warteten noch andere Aufgaben auf mich – Aufgaben, denen ich nicht ausweichen könne.
Es ist wie mit den Lachsbrötchen und Schinkengipfeli, welche von den Kellnern an Cocktail-Partys als Häppchen zum Champagner gereicht werden. Man kann sie dankend ablehnen, aber man kann ihnen nicht entgehen – der Kellner kommt immer wieder, bis sein Tablett leer ist. Genau so, sagte Evelyn S., sei es auch mit den Häppchen, die das Schicksal für jede Seele vorsehe. Auch diese könne man zurückweisen, aber sie würden immer wieder neu präsentiert, in diesem oder in einem späteren Leben, so lange, bis man sie annehme.

Ganz zum Schluss, beim Abschied, wollte ich noch von ihr hören, ob sie wisse, wie ich mich entscheiden werde. «Als Sie zur Tür hereinkamen, sah ich Sie zu 51 Prozent gehen und zu 49 Prozent bleiben», hat sie mir zur Antwort gegeben. «Inzwischen hat sich dieses Verhältnis umgekehrt – ich sehe die Wahrscheinlichkeit, dass Sie hier bleiben, bei 51 Prozent. Und bald schon, innerhalb der nächsten zwei Wochen, werden Sie Ihren Entscheid gefällt haben!»

Dann wollte sie noch wissen, ob es etwas gäbe, worauf ich mich freue. Und ich erwähnte das Buch, das im Herbst erscheinen solle. «Sehen Sie», sagte Evelyn S. «Sie werden es erleben!»
Wenn wirklich stimmt, was diese Frau sagt, kann ich es akzeptieren. Dann verstehe ich, warum ich oft so leiden muss. Das soll nun ein Ende haben, diese dunkle Leere muss aufhören. Sonst gehe ich wirklich.

Da fällt mir ein, dass ich gestern noch einen anderen Termin gehabt hätte: Ursprünglich wollte ich mit Werner Kriesi von der Sterbehilfeorganisation «Exit» die Möglichkeit besprechen, mit seiner Hilfe mein Leben zu beenden. Doch dann habe ich den Termin platzen lassen. Wegen Evelyn S. Aber es kann sich ändern. Vielleicht komme ich zur Ruhe, vielleicht kann ich noch einmal so etwas wie Glück erleben. Dann bleibe ich.
Neulich hat mir jemand – ich glaube, es war mein Journi –, von einer sagenumwobenen, versunkenen Stadt erzählt: Atlantis. Die Bewohner dieser Stadt lebten in den Seelen der Delfine weiter, die Atlantis heute bevölkern.
Ich beschliesse, mir in den nächsten Tagen eine Zeichnung auf den Knöchel tätowieren zu lassen: Zwei Delfine, die einander entgegenspringen.

Durst

Eiszapfen statt Schoggihasen

«Du hast ja doch keine Zeit für die Mädchen», sagte meine Mutter. «Jetzt, wo du dich auch noch um deinen Enkel kümmern musst.»
Ida Altherr stand da wie vom Donner gerührt. Sie war gerade zum ersten Mal Grossmutter geworden, als meine Mutter ihr eröffnete, dass sie Marion und mich ab sofort bei anderen Pflegeeltern unterbringen werde. Fassungslos protestierte meine Patentante, sie könne gut drei Kinder versorgen. Auf keinen Fall wollte sie uns hergeben und kämpfte wie eine Löwin um uns. Ohne Erfolg: Meine Mutter hatte bereits alles mit der Amtsvormundschaft eingefädelt.

Das mit dem Enkelkind war natürlich ein Vorwand. Es konnte meiner Mutter nicht entgangen sein, dass unsere neuen Pflegeeltern neben vier eigenen Kindern – einem Bub und drei Mädchen – auch noch einen Pflegesohn hatten. Sie muss aber auch gemerkt haben, wie sehr wir uns stets freuten, wenn sie uns zu Ida Altherr brachte. Wie fürsorglich sich diese Pflegemutter um uns gekümmert hat. Und wie sehr wir an ihr hingen. Mit wachsender Eifersucht beobachtete meine Mutter, die mehr und mehr bereute, dass sie ihre ersten Kinder – die Zwillinge Sarah und Rahel – zur Adoption freigegeben und endgültig verloren hatte, wie die Beziehung zwischen Ida Altherr und den beiden Töchtern, die ihr noch geblieben waren, immer enger und liebevoller wurde. Sie fürchtete, wohl zu Recht, dass wir uns noch mehr von ihr entfremden, noch mehr der Pflegemutter zuwenden würden, wenn sie dieser Entwicklung nicht unverzüglich einen Riegel schieben würde. Deshalb – davon bin ich heute überzeugt – hat sie nicht locker gelassen, bis die Amtsvormundschaft schliesslich unsere Umplatzierung veranlasste.

Manchmal denke ich, dass meine Patentante Ida Altherr so etwas wie eine Vorahnung hatte. Ihr schwante, was uns bevorstand. Wollte sie uns bewahren vor Erlebnissen, welche die Jahre unserer frühen Kindheit auf so schreckliche Weise prägen sollten?

Im Allgemeinen hat das Erinnerungsvermögen den Vorzug, dass es die guten Erfahrungen speichert, die schlechten hingegen schönt und mit einem barmherzigen Schleier des Vergessens zudeckt. Doch wenn ich in meinem Gedächtnis forsche und so weit zurückblende wie möglich, tauchen klar und deutlich Bilder auf, die sich nicht verharmlosen lassen. Bilder, die mich heute noch zornig machen.

Zum Beispiel die Osterferien: Lange Eiszapfen vor dem Fenster. Sie glitzerten in der Frühlingssonne und liessen Wassertropfen fallen. Marion und ich brachen sie mit klammen Fingern ab. Wir legten uns auf unsere Matratzen, lutschten an den Eiszapfen und schlotterten vor Nässe und Kälte. Wir hatten Hunger. Aber der Durst war schlimmer. Deshalb legten wir die Eiszapfen neben uns; wir dachten nicht daran, dass Eis schmilzt. Wir wollten es für den Durst in der Nacht aufbewahren. Und dann waren die Eiszapfen plötzlich weg, und wir lagen auf einer klatschnassen Matratze.

Wir wussten, dass im Nebenzimmer Osterhasen aus Schokolade lagen. Aber wir wussten auch, dass sie nicht für uns bestimmt waren. Sie gehörten den leiblichen Kindern unserer neuen Pflegeeltern.

Zu Beginn der achtziger Jahre – Marion war noch ein Baby und ich gerade zweijährig – wurden wir also von unserer Mutter und einer Beamtin von der Amtsvormundschaft in ein rosarot bemaltes Haus gebracht. Es stand mitten in der Stadt, in einem kleinen Garten, und es duckte sich verschämt, als habe es etwas zu verbergen, hinter einer Gruppe von Bäumen. Der äussere Eindruck kleinbürgerlicher Ordnung täuschte über Chaos und Willkür hinweg, deren Geist das Klima im Innern vergiftete. Die Familie des Fahrlehrers W. verstand es perfekt, ihr kleines Reich des Bösen nach aussen abzuschotten.

Ich war noch so klein damals, dass ich von den ersten beiden Jahren nicht mehr viel weiss. Aber ich erinnere mich noch sehr gut an die Worte, mit denen uns die neue Pflegemutter den Tarif angab: «Ich bin jetzt euer Mami», sagte sie. «Und darum musst du jetzt Mami zu mir sagen.»

«Aber ich habe doch schon ein Mami», begehrte ich auf.

«Zu dieser Frau sagst du ab sofort ‹Frau Deck›!» Sie zeigte mir die flache Hand. «Sonst gibt's was hinter die Löffel.»

Es war irrwitzig: Ich musste unsere Mutter verleugnen, aber ich brachte die falschen Worte, selbst wenn ich mich bemühte, einfach nicht über die Lippen. Doch die Frau machte ihre Drohung wahr. Jedes Mal, wenn ich mich verplapperte, verpasste sie mir eine saftige Ohrfeige. Sie bläute mir das «Mami» so lange ein, bis mein innerer Widerstand nach und nach erlahmte. Für Marion, die gerade erst anfing, die Welt in Worten zu begreifen, war «Mami» von Anfang an die böse Pflegemutter.

«Frau Deck» holte uns am Wochenende ab, meistens am Samstagmorgen. Es war ihr verboten worden, das Haus zu betreten. Unsere Mutter musste vor der Tür warten, bis wir herausgelassen wurden.

Wenn sie überhaupt kam. Manchmal, wenn sie wieder mal einen neuen Liebhaber hatte, tauchte sie gar nicht auf. Sie meldete sich nicht ab, nannte keine Gründe – sie kam einfach nicht. Wir hockten stundenlang auf der Treppe, bis uns langsam klar wurde, dass wir auch übers Wochenende bei den Pflegeeltern bleiben mussten. Meistens sperrten sie uns dann ins Zimmer und liessen sich zwei Tage lang nicht mehr blicken. Die paar Scheiben Brot, die sie uns da liessen, hatten wir schon bald aufgegessen. Und bis zum Sonntagabend knurrte der Magen ...

Es kam auch vor, dass «Frau Deck» uns abholte, obwohl sie uns gar nicht brauchen konnte. Dann lieferte sie uns bei Ida Altherr ab. Das waren jeweils Manöver, die unter strengster Geheimhaltung ablaufen mussten. Ich weiss nicht, warum, aber es war uns offenbar verboten, bei meiner Patentante zu sein. Die Mutter schärfte uns ein, dass wir niemandem, schon gar nicht der Familie W., auch nur ein Sterbenswörtchen davon sagen durften.

Jedenfalls war Ida Altherr jedes Mal entsetzt, wenn sie erfuhr, wie schlecht wir behandelt wurden, und wenn sie sah, wie nachlässig wir gekleidet waren. Nicht einmal zwei gleiche Socken, klagte sie, hätte man uns angezogen!

Sie war die Einzige, die es wirklich gut mit uns meinte. Wir konnten damals noch nicht wissen, dass Ida Altherr, wenn sie in die Stadt ging, fast täglich einen Umweg machte, um am Garten vor dem Haus W. vorbeizukommen, in der Hoffnung, wenigstens einen Blick auf ihre beiden Lieblinge erhaschen zu können. Aber sie sah immer nur die Kinder der W.s auf der Wiese vor dem Haus. Uns konnte sie nicht sehen: Wir lebten versorgt und versteckt hinter geschlossenen Fensterläden – in einer anderen Welt.

Unsere Welt war ein unbeheizter Raum im ersten Stock. Im Winter froren wir erbärmlich. Ausgediente Harasse von der Migros dienten als Betten, Schaumgummimatten als Matratzen, Plastikblachen waren unsere Leintücher. Decken oder gar Kissen gab es nicht.
Ich kann mich nicht daran erinnern, dass die Amtsvormundschaft in all den Jahren auch nur ein einziges Mal eine unangekündigte Inspektion im Hause der Familie W. vorgenommen hätte. Nur ganz am Anfang, als wir zu den neuen Pflegeeltern gebracht wurden, hat uns eine Behördenvertreterin begleitet. Es war der Tag, an dem Frau W. die Schaumstoffmatten mit Bettwäsche bezogen hatte.
Wir lebten zu dritt in diesem Zimmer: Roland, das andere Pflegekind, durfte auf einer Matratze am Boden schlafen. Der arme Kerl war Bettnässer, oft lag er die ganze Nacht in der eigenen Pisse. Der Gestank war kaum zu ertragen.
Das Zimmer durften wir nicht verlassen. Die Tür war von aussen mit einem Haken verriegelt. Die Angst, aus irgendeinem nichtigen Grund geschlagen zu werden, liess uns still werden. Wir wagten nicht einmal zu rufen, wenn wir auf die Toilette gehen mussten. Stattdessen verrichteten wir unsere Notdurft in einen alten Puppenwagen und putzten uns das Fudi mit den Papierseiten ab, die wir aus einem Malbuch herausgerissen hatten. Als die Pflegeeltern uns den Puppenwagen wegnahmen, gingen wir auf den Balkon und kauerten uns dort in eine Ecke, um uns zu erleichtern.

Oft wurden wir ohne ersichtlichen Grund geschlagen. Meistens war es der Mann, der zuschlug, aber selten tat er es von sich aus. Wenn Frau W. das Gefühl hatte, es sei wieder einmal eine Abreibung fällig, befahl sie ihm, uns zu züchtigen. Und er zog gehorsam einen seiner Filzpantoffeln von den Füssen oder schnallte seinen Ledergürtel ab. Mit der Zeit haben wir gelernt, mit den Schlägen zu leben – so, wie ein Kind sich irgendwann damit abfindet, dass zweimal täglich die Zähne geputzt werden müssen.
Die Demütigungen waren, nebst den körperlichen Züchtigungen, besonders schmerzhaft, wenn wir sahen, mit wieviel Liebe und Verständnis die Eltern W. ihre leiblichen Kinder behandelten. Dem Sohn und den Töchtern, die sie stets strikte von uns fernhielten, lasen sie jeden Wunsch von den Augen ab. Und wir bekamen oft nicht einmal ein Glas Wasser zu trinken.
Einmal, als der quälende Durst kaum noch zu ertragen war, haben wir sogar versucht, unseren Urin zu trinken. Unter den wenigen Sachen, mit denen wir spielen durften, befanden sich kleine Plastikbecher. Da haben wir hineingepinkelt. Es war ekelhaft; ich spüre diesen säuerlich-bitteren Geschmack noch heute auf der Zunge.
Während wir das Zeug runterwürgten, kam plötzlich der Pflegevater herein. Es war einer der wenigen Momente, in denen er so etwas wie Mitgefühl zeigte: «Sagt es doch, wenn ihr Durst habt!» Aber wir hatten schon so oft gebettelt ...
Aus Wut und vor Hunger habe ich sogar einmal in ein Stück Seife gebissen; das schmeckte fast so widerlich wie der Urin. Später haben wir einen Kniff herausgefunden, mit dem wir den Haken an der Tür von innen öffnen konnten. So war es uns möglich, heimlich auf die Toilette zu schleichen. Dort

gab es zwar kein Lavabo, aber immerhin eine Klosettschüssel, aus der wir mit den Spielzeugbechern einigermassen trinkbares Wasser schöpfen konnten. Und nachts, wenn alle schliefen, wagten wir uns sogar in die Küche, um etwas aus dem Kühlschrank zu klauen.

Am schlimmsten aber waren die Osterferien.
Jedes Jahr fuhr die Familie W. in die Berge, wo sie ein Ferienhaus bewohnte. Während sich die Eltern tagsüber mit den eigenen Kindern beim Skifahren oder Schlitteln vergnügten, durften wir unser Zimmer im ersten Stock während zwei Wochen kaum verlassen.
Unser Zimmer in dem Ferienhaus war ähnlich kärglich eingerichtet wie jenes in Winterthur: Auf dem Boden zwei nackte Matratzen. Keine Decke, kein Kissen, auch kein Leintuch. Nur ein paar alte Zeitschriften. Die Pflegeeltern hatten sie dagelassen, damit wir Bildli anschauen konnten. Täglich stellten sie uns, als wären wir kleine Hunde, einen Napf hin – einen Plastiknapf mit irgendwas zu essen drin.
In einer Ecke des Raumes klaffte ein riesiges Loch im Boden, das den Blick in die Küche freigab. Als wir uns schlotternd aneinander kuschelten, passierte es: Irgendwie müssen wir uns ungeschickt bewegt haben, von der Matratze gerutscht und durch das Loch gefallen sein. Unsanft landeten wir einen Stock tiefer auf dem Küchenboden. Es grenzt an ein Wunder, dass wir uns dabei nicht ernsthaft verletzt hatten.

Und eben: An Ostern feierten sie im Nebenzimmer. Mit knurrendem Magen hörten wir das Rascheln des Papiers, wenn die anderen Kinder ihre Schoggihasen auspacken durften. Für Marion und mich gab es keine Geschenke.

Im dritten Jahr halfen wir uns selber. Wir merkten, dass sie vergessen hatten, die Tür abzusperren, und in der Nacht, als alle schliefen, stahlen wir uns aus unserem Gefängnis, schnappten uns die Osterhasen und putzten sie heisshungrig weg. Am nächsten Tag mussten wir dafür büssen – mit Magenschmerzen und einer zünftigen Tracht Prügel. Aber das war es uns wert.

Bei Ida Altherr, aber auch in dem kleinen Mietzimmer unserer Mutter, war immer alles sauber und aufgeräumt. Die Unordnung im Hause W. hingegen hatte System: Hier lagen überall auf dem Boden und über Möbel verstreut Spielsachen, mit denen wir nicht spielen, Kleidungsstücke, die wir nicht anziehen durften, und Zeitungen, die wir nicht lesen konnten. Und die Teppiche hatten schon lange keinen Staubsauger mehr gesehen. Den mussten die Pflegekinder ersetzen.

Alle zwei bis drei Tage mussten wir «fötzeln»; so nannten wir das Staubsaugerspiel. Wir mussten über den Teppich kriechen und mit den Fingern die «Fötzeli» – Staub, Schmutz, Papierfetzen, Reste vom Essen, die auf den Boden gefallen waren, aus den Fasern klauben.

Eines Tages entdeckte Marion im Teppich ein Maiskorn und schob es in den Mund – just in dem Moment, als Frau W. das Zimmer betrat. «Ach», sagte die Hexe giftig, «ich sehe, dass du dein Mittagessen schon gefunden und aufgegessen hast. Dann brauche ich für dich ja nicht mehr zu kochen. Du gehst sofort hinauf in dein Zimmer!»

Marion tat mir in der Seele leid; ich wusste, wie hungrig sie war, und ich nahm mir fest vor, meiner Schwester etwas mitzubringen – eine Kartoffel oder ein Stück Brot, irgendetwas, das ich im Hosenbund verstecken konnte. Doch Frau W.,

als hätte sie es geahnt, tischte Spaghetti auf. Die konnte ich natürlich nicht in die Hose stopfen.
Ich habe immer versucht, meine Tränen zu unterdrücken. Aber an diesem Abend heulte ich wie ein Schlosshund. Ich heulte mir die ganze Ungerechtigkeit dieser Welt aus der Seele.
Dabei konnte ich mich noch glücklich schätzen. Roland und Marion kamen im letzten Jahr viel schlimmer zur Kasse als ich.
Es gab einen einleuchtenden Grund: Als ich fünf war, durfte ich in den Kindergarten gehen. Von da an schlugen die Pflegeeltern nicht mehr so häufig und auch nicht mehr so hart auf mich ein. Ganz offensichtlich waren sie besorgt, ich könnte etwas ausplaudern. Oder der Kindergartenlehrerin würden die blauen Flecke an meinem Körper auffallen.
Sie hatte tatsächlich Verdacht geschöpft. Aber von mir erfuhr sie nichts. Als jedoch eines Tages Frau W. in einem Tobsuchtsanfall – ich weiss wirklich nicht mehr, warum sie so wütend war – zu einem Stück Holz griff und mir dieses so heftig an den Kopf schlug, dass man mir im Spital eine klaffende Wunde nähen musste, kam alles ans Licht.

Nachdem ich im Spital verarztet worden war, schlug die Kindergärtnerin Alarm. Wenige Tage später kamen meine Mutter und die Frau von der Vormundschaftsbehörde, um uns aus dem Haus der Familie W. zu holen. Jener warme Sommertag wurde für uns zum Tag der Befreiung, nach vier Jahren des Horrors.

Später habe ich meine Mutter oft gefragt, wie sie es zulassen konnte, dass wir von diesen Menschen so geplagt werden. Sie beteuerte immer wieder, welch guten Eindruck sie von diesen «freundlichen» Menschen gehabt habe. «Aber wir haben dir doch immer gesagt, wie wir geplagt werden. Warum hat uns nie jemand geglaubt?» Meine Mutter zuckte nur hilflos die Schultern.

Noch heute kann ich nicht begreifen, warum man mir einfach nicht glauben will; ein Trauma, das sich durch mein ganzes Leben zieht ...

Wir hatten schon gehofft, dass wir jetzt wieder bei unserer Mutter bleiben dürften. Oder dass wir, noch besser, bei Ida Altherr unterkommen würden. Doch die beiden Frauen führten uns direkt zum Bahnhof und stiegen mit uns in den Zug.

Der Mann, der uns mit seinem Auto erwartete, machte *auch* einen freundlichen Eindruck. «Da seid ihr ja», sagte er lächelnd und tätschelte uns auf den Kopf.

Der Mann war der Leiter des Kinderheims W., und er sagte, er sei froh, dass er zwei so kleine herzige Maiteli aufnehmen dürfe.

Als wir im Heim W. ankamen, merkten wir, dass die meisten Heimkinder Buben waren. Und schon einiges älter als Marion und ich.

Noch etwas fiel uns auf: zwei Mädchen mit schwarzen Haaren. Sie standen deutlich abseits, als wollten sie zeigen, dass sie mit niemandem etwas zu tun haben wollten.

«Das sind die beiden Lauras», sagte jemand. «Die müsst ihr nicht beachten. Sie sind ein bisschen seltsam!»

Exit

Der letzte Entschluss

«Das muss furchtbar schlimm sein, wenn man nichts mehr sehen kann», sagt Werner Kriesi. Betroffenheit spricht aus seiner Stimme, eine sympathische Stimme. «Ich verstehe Ihre Not sehr gut.»

Ich bezweifle, dass das überhaupt jemand, der nicht in meiner Haut steckt, verstehen kann. Aber das ist ja auch gar nicht nötig.

«Können Sie mir helfen?» Darum geht es. «Werden Sie mir den Becher geben?»

«Das sollten wir nicht am Telefon besprechen. Dafür müssen wir einander treffen.»

«Also gut», sage ich voller Ungeduld. «Aber bitte möglichst schnell.»

«Passt es Ihnen am nächsten Montag um ein Uhr?»

Pfarrer Werner Kriesi ist Vizepräsident der Organisation «Exit» und als Sterbebegleiter so etwas wie ein passiver Vollstrecker. Er hilft unheilbar kranken, aber geistig zurechnungsfähigen Menschen, deren Leid unzumutbar und deren Entschluss unwiderruflich ist, aus dem Leben zu gehen. Er stellt ihnen den Becher, gefüllt mit einem tödlich wirkenden Schlafmittel, neben das Bett und begleitet sie in den freiwilligen Tod.

Werner Kriesi ist meine einzige Hoffnung.

Ich kann es ja nicht mehr selber machen. Seit mein Augenlicht erloschen ist, muss ich sogar für diesen letzten Schritt fremde Hilfe in Anspruch nehmen.

Ich hasse es, dauernd andere Menschen um Hilfe anzubetteln. Die wenigsten kommen auf die Idee, ihre Hilfe von sich aus anzubieten.

Im Gegenteil: Immer wieder mache ich die Erfahrung, dass man mich übers Ohr hauen will.

Ich kann nicht mehr Velo fahren und bin aufs Taxi angewiesen. Der Taxifahrer, der mich von meiner Wohnung nach Zürich-Affoltern bringen soll, weiss genau, dass der kürzeste Weg durch den Fronwald führt. Aber er glaubt, sein blinder Fahrgast merke es nicht, wenn er den Fahrpreis mit dem dreimal längeren Umweg über Zürich-Oerlikon in die Höhe treibt.

Ich kann nicht mehr sauber machen und bin auf eine Putzfrau angewiesen. Die letzte dachte, eine blinde Frau könne den Schmutz ja doch nicht sehen. Aber ich spüre genau, wo der Dreck sitzt, wenn ich mit dem Finger den Kanten entlang fahre.

Ich kann nicht mehr geradeaus schwimmen und bin auf die Leine angewiesen, welche die Bahn begrenzt. Ich muss sie mit jedem Schwimmzug spüren können, um die Orientierung nicht zu verlieren. Oft erlebe ich Sonntagsschwimmer, die zwar genau sehen, dass hier Leistungssportler trainieren. Meine schwarze Schwimmbrille sollte ihnen eigentlich auch signalisieren, dass ich blind bin. Aber sie weichen trotzdem nicht aus und rempeln mich an. «Können Sie denn nicht aufpassen?», fuhr mich kürzlich einer dieser rücksichtlosen Rüpel an. «Sehen Sie denn nicht, was mit mir los ist!», gab ich ihm zurück. Da könne er doch auch nichts dafür, erwiderte er.

Zugegeben, ich war nicht besonders höflich. «Weichbecher», sagte ich bloss. Die Antwort hätte mir nichts ausgemacht,

wenn er auf die ersten drei Worte verzichtet hätte: «Für eine Blinde sind Sie ganz schön frech!»
Als ob Frechheit ein Vorrecht der Sehenden wäre ...

Die lähmende Hilflosigkeit verfolgt mich auf Schritt und Tritt. Selbst die einfachsten Alltagsverrichtungen lassen sich alleine nicht mehr bewältigen. Beim Einkaufen muss ich mir die Waren von den Regalen holen lassen. Ich brauche jemanden, der mit mir die Post durchgeht, mir die Bedienungsanleitung für den Telefonbeantworter vorliest und mit mir die Klamotten für die Kleidersammlung aussortiert. Ich kann nicht einmal am Bancomaten Geld abheben oder meinen Kontostand überprüfen, ohne dass ich jemanden um Hilfe bitten muss.
Meine Augen haben mir so vieles ermöglicht und eben auch nützliche und wichtige Dienste geleistet.

Die Gesichter der Menschen, die mit mir reden. Wolken, die am Himmel ziehen. Die Alpenkulisse, die der Föhn hinter dem See aufbaut. Blumen, die der Frühling auf den Wiesen, und Blätter, die er an den Bäumen wachsen lässt ...
Meine Augen haben mir die Schönheiten des Lebens gezeigt.

Jetzt habe ich sie nicht mehr. Nichts mehr ist nützlich und wichtig. Nichts mehr ist schön.

Ich könnte, wie andere blinde Menschen, ein Mobilitätstraining absolvieren und Kurse besuchen, um die Blindenschrift zu lernen. Ich könnte mit einem weissen Stock durch die Strassen klappern. Oder mich von einem Hund führen lassen.

Ich könnte mich ja einfach meinem Schicksal fügen und die Blindheit annehmen.
Ich könnte noch so vieles ...
Aber ich kann nicht.
Viele wollen das nicht begreifen. Es sind jene, die sich darüber wundern, dass in meiner Wohnung dauernd der Fernseher eingeschaltet ist.
Dabei liegt es doch auf der Hand: In meinem Leben gab es bis zum Überdruss Ansprüche, denen ich genügen, Strukturen, denen ich mich anpassen und Zwänge, denen ich mich fügen musste. Das Letzte, was ich jetzt brauchen kann, sind wieder neue Regeln und Richtlinien. Auch wenn ein weisser Stock oder ein dressierter Hund mir das Leben durchaus erleichtern könnten: Aber lieber stosse ich mir zehnmal den Kopf an und stolpere über alle Trottoirkanten.

Tage voller Leere. Ich verbringe sie zum grössten Teil im Bett. Ich ziehe mir die Decke über die Ohren und lasse immer wieder denselben Gedanken im Kopf kreisen: Warum muss ich leben? Warum dieses Leben? Ich will nicht mehr leben. Nie mehr leben.
Manchmal schlafe ich dabei ein. Vielleicht kommt ein Traum. Dann das Erwachen. Immer das Erwachen. Ich lausche in mich hinein und höre sie wieder ... Meine beiden Stimmen: Die erste ist so leise geworden, dass ich sie kaum noch wahrnehme. «Komm, reiss dich zusammen!», raunt sie. «Steh endlich auf! Du musst unbedingt ins Training ...»
Die zweite, dominant und fordernd, wird in letzter Zeit immer lauter. «Vergiss das Training!», brüllt sie. «Du schaffst es ja doch nicht! Und überhaupt – bald ist ohnehin alles zu Ende ...»

«Bald ist alles zu Ende.»
Montagmorgen. Ich sitze im Therapiezimmer von Thomas Steiner und berichte ihm von meinem Gespräch mit Werner Kriesi.
Ich kann die Menschen zwar nicht mehr sehen. Aber ich habe ein sehr feines Gespür für Zwischentöne in ihren Stimmen entwickelt. Und so entgeht mir nicht, wie mein Psychotherapeut erschrickt, als er den Namen Kriesi hört.
Vor wenigen Wochen erst berichteten die Zeitungen über einen «Skandal», den ich nicht nachvollziehen kann: Der «Exit»-Mann ist im letzten Moment daran gehindert worden, einer schwer depressiven Frau zu Hilfe zu eilen. Seither hat Werner Kriesi den Ruf, einer zu sein, der nicht lange fackelt. Auch nicht bei jungen lebensmüden Frauen. Was mir noch so recht ist und Kriesi umso sympathischer macht ...
«Aber ich frage mich, ob dann auch wirklich alles zu Ende ist. Und ich frage mich das nicht nur, ich hoffe es!»
Er glaube das nicht, sagt Thomas Steiner. Ganz im Gegenteil: Er sei davon überzeugt, dass es parallel zur irdischen eine geistige Welt gäbe, in der die Seelen verstorbener Menschen weiterlebten.
Das kommt mir bekannt vor, so ähnlich hat am letzten Freitag schon mein Journi geredet.
«Woher wollen Sie das denn so genau wissen?»
Da erzählt Thomas Steiner mir eine Geschichte, die mich nachdenklich stimmt: Eine seiner anderen Patientinnen habe ihn nach der Sitzung gefragt, ob es stimme, dass das Symbol seines Vaters Orchideen seien. Da habe es ihm fast die Sprache verschlagen: Unmöglich habe die Frau nämlich wissen können, sagt Steiner, dass sein Vater, der seit vier Jahren nicht mehr lebt, ein leidenschaftlicher Orchideenzüch-

ter war. Steiner erkannte, dass seine Patientin übersinnliche Fähigkeiten hatte. Und sie berichtete ihm von ihrer Lehrmeisterin, einem Medium, das sich mit den Seelen verstorbener Menschen in Verbindung setzen kann: Evelyn S. Da wurde mein Therapeut so neugierig, dass er diese Frau unbedingt selbst kennen lernen und sich von ihren Fähigkeiten überzeugen wollte.
«Und? Sind Sie davon überzeugt?»
«Ja, bin ich. Wann, sagten Sie, haben Sie Ihren Termin bei diesem Kriesi?»
«Heute Mittag um eins.»
«Ich würde Ihnen auf jeden Fall dringend empfehlen, zuerst noch mit Evelyn S. zu reden!»

Drei Wochen danach läutet zu ungewohnt später Stunde das Telefon. Es ist mein Journi. Er will wissen, ob ich SF 1 eingeschaltet habe, im «Zischtigsclub» gehe es um das Thema Sterbehilfe. Unter den Teilnehmern der Gesprächsrunde sitze auch Werner Kriesi.
«Nein», sage ich. «Bei mir läuft gerade eine Sendung über Uriella; das interessiert mich im Moment mehr!»

Der Heimleiter

Verbotene Spiele

«Und das hier», sagte K., nachdem er uns durch das Heim geführt hatte, «ist euer Zimmer!»
«Wow!» Ich rieb mir die Augen, kniff sie zu, öffnete sie wieder: Der Raum war riesig. Durch sechs Doppelfenster, von bunten Vorhängen flankiert, flutete das Sonnenlicht. Ein prächtiger, grosser Teppich dämpfte die Schritte. An der Wand ein Gestell voller Bücher. In einer Ecke ein Tisch mit Sitzbank. Sogar ein Klavier war da. Und zwei Betten, mit sauberen Leintüchern bezogen, darüber Daunendecken und weiche Kopfkissen.
«Bis jetzt war das unser Spielzimmer», erklärte der Heimleiter stolz. «Wir haben es für euch zu einem neuen Schlafzimmer eingerichtet!»
Marion ging auf eines der beiden Betten zu und fuhr mit der Hand über den grünen Bettüberüberwurf.
«Wow!», sagte auch sie.
Wir packten unsere Kleider aus und versorgten sie in grossen Schubladen. Dabei dachten wir an die schäbige Kammer der Familie W. in Winterthur, in der wir zu dritt wie in einer Gefängniszelle gehalten wurden. Heute Morgen erst hatten wir jenes Haus verlassen. Es kam uns vor wie eine böse Erinnerung an einen alten Alptraum.
Und nun fühlten wir uns wie Prinzessinnen in einem Märchenschloss.
Es dauerte viel zu lange, bis es endlich Abend wurde und wir zum ersten Mal auf diesen weichen Matratzen unter die

warmen Decken kriechen und in Betten schlafen konnten, die uns ganz alleine gehörten.

K. war ein mittelgrosser Mittfünfziger, dessen viele Gesichter wir erst nach und nach kennen lernen sollten.
Er hatte etwas ausgesprochen Liebenswürdiges, eine Art, die Vertrauen weckte und Geborgenheit ausstrahlte. Seine Stimme klang freundlich und gemütlich: ein Brummbär. Aber irgendwie wirkte er auch traurig. Er weckte mein Mitleid.
Es war ihm, schon rein äusserlich, deutlich anzusehen, dass er eine Menge Sorgen und Ärger hatte. Die ursprünglich blonden Haare waren schon mehrheitlich ergraut, eine schwabbelige Schicht Kummerspeck lag auf seinem Körper, und hinter den Gläsern seiner Brille glänzten feuchte, blaue Augen. Sie machten stets den Eindruck, als habe K. sich eben erst die letzte Träne abgewischt.
Wir konnten nicht ahnen, dass K. seine Eheprobleme heimlich im Alkohol ertränkte. Und dass sich unter seiner väterlichen Maske ein furchtbares Geheimnis verbarg.

Aber er sprühte vor Unternehmungslust, und sein Ideenreichtum kannte kaum Grenzen.
Im Wald inszenierte er abenteuerliche Überlebenstrainings. Er brachte uns das Morse-Alphabet bei, und wir lernten, wie man mit zwei dürren Ästen und trockenem Laub ein Feuer entfacht. K. dachte sich spannende Lagerspiele aus, bei denen es Preise zu gewinnen gab: verborgene Schätze aus Schokolade und anderen Süssigkeiten, die wir aufstöbern und erobern mussten. Am Abend sassen wir ums Feuer und lauschten den Geschichten, die K. uns vorlas.

Auf ausgedehnten Autofahrten zeigte er uns die schönsten Plätze der Schweiz. Im Winter fuhren wir in die Berge, und K. war unser Skilehrer. Wenn das Wetter nicht mitmachte, nahm er uns mit ins Hallenbad und spendierte jedem von uns eine Portion Pommes frites.
Der Heimleiter war so, wie sich Kinder den idealen Vater vorstellen. Vor allem Heimkinder.
Fairness und Gerechtigkeit waren allerdings nicht seine Stärke. Er verteilte seine Gunst unter den Heim-Zöglingen sehr einseitig und höchst willkürlich. Er verteilte sie in Form von Schoggistängeli, die er jeweils seinem Lieblingskind heimlich zusteckte.
Schon bald galt seine besondere Zuneigung meiner Schwester. Marion war noch recht klein und herzig und konnte sich überschwänglich über seine süssen Geschenke freuen. Natürlich sah ich das mit wachsender Missgunst.
«Ich will auch ein Schoggistängeli», maulte ich bei jeder Gelegenheit. «Immer kriegt Marion eins und ich nie – das ist gemein!»

Vielleicht hätte ich besser den Mund gehalten. Ich hätte meine Haare wachsen lassen, wegen jeder Kleinigkeit losheulen und mich überhaupt mädchenhafter benehmen sollen. Denn als K. erkannte, dass ich mich zu einem burschikosen Kind entwickelte, das lieber mit Buben als mit Puppen spielte, verlagerte er seine Sympathie. Plötzlich bekam auch ich Schoggistängeli; und mir wurde bewusst, dass ich sein erklärter Liebling geworden war.
Zunächst freute ich mich natürlich darüber. Wie hätte ich denn ahnen sollen, dass die Zuneigung, welche dieser Mann für seine Zöglinge empfand, von seinem abartigen Trieb

gesteuert wurde. Er liebte Kinder, insbesondere kleine Jungs, auf eine Art, die uns fremd war. Sie war abstossend, und sie machte Angst.

Irgendwann – ich mag etwa acht Jahre alt gewesen sein – offenbarte er mir sein dunkles Geheimnis.

Marion schlief schon. Weil sie jünger war, musste sie eine Stunde vor mir ins Bett.

Es war dunkel im Zimmer. Ich war eben erst unter die Decke gekrochen, als ich hörte, wie jemand hereinschlich. Er kam näher, setzte sich zu mir ans Bett.

«Nicole ...» Es war K.s Brummbärenstimme. «Ich wollte dir nur noch Gute Nacht sagen.»

Er griff nach meiner Hand. «Schau mal, ein grosser Löwe!» Und führte meine Hand zu seiner Hose. «Du musst keine Angst haben, es ist ein ganz lieber Löwe.»

Ich spürte etwas Seltsames unter der Hand. Es war warm und hart. «Er hat mir gesagt, dass du ihn streicheln sollst ...»

Alles in mir sträubte sich. Widerwillig versuchte ich, diesen Löwen zu streicheln. Der Ekel, der in mir hochstieg, machte es mir unmöglich, irgendetwas zu sagen.

Am nächsten Tag gab K. mir zwei Franken. «Kauf dir was Feines!»

Bald darauf, als es sich wieder einmal ergab, dass K. und ich alleine waren, tat er etwas, das mich in höchstem Masse irritierte: Er küsste mich auf den Mund. Seine Zunge zwängte sich zwischen meine Lippen, schob sich weiter zwischen die Zähne und rieb sich an meiner Zunge. Es war ein sehr unangenehmes Gefühl, ich rang nach Luft und dachte: Aha, das ist also ein Zungenkuss. Ich musste dieses Wort irgendwann einmal aufgeschnappt haben.

Immerhin war ich um eine Erfahrung reicher. Stolz und voller kindlicher Unschuld verkündete ich, als ich bei der nächsten Gelegenheit Frau K. begegnete: «Ich weiss jetzt, wie das mit dem Zungenkuss geht!»
«Was sagst du da?»
«Ja, Ihr Mann hat es mir selber gezeigt!»
Frau K. tobte, und ich begriff zunächst überhaupt nicht, weshalb. Doch allmählich ahnte ich, dass da etwas Unheimliches vor sich ging.

Der Zwischenfall hielt K. nicht davon ab, mir weiter nachzustellen. Im Gegenteil: Er nützte jede Gelegenheit und liess dabei keinerlei Vorsicht walten. Am helllichten Tag, wenn wir einander zufällig im Esszimmer begegneten, wo jeder reinkommen konnte, glitten seine Finger wie zufällig unter meine Kleider. Er machte keinen Hehl aus seiner besonderen Zuneigung für mich.
Er schärfte mir immer wieder ein, dass ich zu keiner Menschenseele auch nur ein Sterbenswörtchen von dem Löwen und seinen Spielen erzählen durfte. «Oder willst du, dass ich ins Gefängnis komme – nur, weil wir so gute Freunde sind? Ich kann dir dann keine Geschenke mehr geben und bin ganz allein. Willst du das?»
Nein, das wollte ich eigentlich nicht. Und so hielt ich den Mund.
Immer wieder griff er zur Kamera und fotografierte mich. Die Bilder hängte er rund um den grossen Spiegel über dem Lavabo in der kleinen Kammer auf, die er im Heim bewohnte.
«Herr K.», wollte ich einmal von ihm wissen, «mögen Sie mich eigentlich so, wie ein Vater sein Kind – oder so, wie ein Mann seine Frau mag?»

Er zögerte nur kurz mit der Antwort, sie bestand aus einem Wort und war erstaunlich ehrlich: «Beides.»

K.s Zärtlichkeitsbedürfnis war unersättlich. Er kam immer wieder und brauchte dauernd neue verbotene Streicheleinheiten.
«Und wo ist denn das kleine Büsi?», fragte er einmal. Er fing an, unter der Bettdecke zu suchen. Brechreiz stieg in mir auf und ein kalter Schauer durchfuhr mich, als die grosse Männerhand sich über meine Haut tastete, bis sie das «Büsi» gefunden hatte. «Aber das will ja auch gestreichelt werden», sagte er mit gespieltem Erstaunen.
Das war nicht wahr. Dieses Büsi wollte überhaupt nicht gestreichelt werden.
Ich habe ihm deutlich gesagt, dass er das Büsi in Ruhe lassen solle. Aber K. bestand darauf, dass er schon wisse, was das Büsi brauche. Es habe ihm gesagt, dass es gerne ein Küssli hätte.
«Nein, das will es nicht!»
Er tat es trotzdem. Ich weinte und sagte, dass ich das nicht möge. Und dass er mir Angst mache. «Sei jetzt lieb», meinte er dann nur. «Du weisst doch: Wenn du lieb bist zu dem Löwen, kriegst du ein Geschenk!»
Meistens kam er am Dienstagabend. Manchmal lag Marion noch wach, aber das störte ihn offenbar nicht. Oder er hat es nie gemerkt. K. blieb so lange, bis er zufrieden gestellt war. Dann machte er sich auf leisen Sohlen davon.
Am nächsten Morgen steckte er mir jeweils verstohlen einen Zweifränkler zu. Den durfte ich dann «verchlöpfen». Meistens kaufte ich mir im Dorfladen ein Bürli und ein Schoggistängeli. Oder auch zwei.

Als K.s Lieblingszögling kam ich in den Genuss besonderer Privilegien, die über die üblichen Schoggistängeli-Belohnungen hinausgingen.
Normalerweise durften nur zwölfjährige und ältere Kinder den Dienstagskrimi schauen. Ich war jedoch erst neun, und trotzdem war für mich stets ein Platz auf dem Fernsehsofa reserviert – direkt neben K. Sobald Oberinspektor Derrick seinen Mörder überführt hatte und die anderen Kinder ins Bett mussten, holte K. zwei Törtchen aus dem Kühlschrank: Das Bettmümpfeli sollte mich willig stimmen ...
Mittwochs war der Tag der Gemeinschaft; es galt die eiserne Regel, dass alle zusammen etwas Besonderes unternehmen – fast schon ein heiliges Ritual, an das sich jeder halten musste. Nur ich nicht: Ich besuchte im Hallenbad das Training der Kunstspringer, und deshalb durfte ich als Einzige das Heim verlassen.
Ich hatte eine Schwäche für Coca Cola. Dabei ging es mir weniger um die braune Brühe, vielmehr war ich eine leidenschaftliche Sammlerin von Objekten, die den berühmten Schriftzug trugen: Handtücher, Kissen, Kugelschreiber – alles mögliche halt. Und K. vergass nie, wenn er von einer Reise zurückkam, mir irgendein Geschenk für meine Sammlung mitzubringen. Er hatte sich auch mit Erfolg dafür eingesetzt, dass die Amtsvormundschaft Geld für mein neues Mountain-Bike locker machte.

Der Preis, den ich für diese Privilegien bezahlen musste, war hoch. Auf der einen Seite war da die Missgunst der anderen Kinder. Die Feindseligkeiten der übrigen Erzieher – insbesondere der unverhohlene Hass, der mir von K.s Ehefrau entgegenschlug. Sie schikanierte mich, wo immer sie

konnte, und sie gab mir das Gefühl, für die Misere ihrer Ehe verantwortlich zu sein.
Auf der anderen Seite empfand ich K.s aufdringliche Fürsorglichkeit in zunehmendem Masse als Psychoterror, der mir nach meinem damaligen Empfinden mindestens ebenso zusetzte wie sein nächtliches Treiben.
K. liess mich keinen Moment aus den Augen. Während der gemeinsamen Mahlzeiten legte er Wert darauf, dass ich ihm sein Mineralwasser brachte, dann musste ich mich gegenüber von ihm hinsetzen. Auf unseren Spaziergängen bestand er darauf, dass ich stets neben, vor oder hinter ihm lief. Und wenn wir mit dem Auto unterwegs waren, musste ich hinter ihm immer so sitzen, dass er mich im Rückspiegel sehen konnte.
Als ich mir die Mandeln schneiden lassen musste, verlangte K., dass der Eingriff ambulant vorgenommen würde und ich keine Nacht im Spital verbringen durfte. Er wollte mich selber gesund pflegen.
Im Jahr 1990, als ich in die Oberstufe kam, begann ich mit dem Wasserballtraining. Jeweils am Montag fuhr ich ins Hallenbad und kam erst nach dem Abendessen ins Heim zurück. Aber wehe, wenn ich ins Bett ging, ohne mich beim Heimleiter zurückzumelden. Ich war die Einzige im Heim, die seine geheime Telefonnummer kannte. Die hatte nicht einmal seine Frau.

Meine Gefühle für K. waren immer sehr gemischt, sie sind es noch heute: Zur Abscheu gesellte sich das Mitleid; ich ahnte, wie schwer seine Frau ihm das Leben machte. Eine Zeit lang lebte das Heimleiterehepaar in getrennten Wohnungen.

Einmal machte ich ihm das Angebot, seine Wohnung aufzuräumen. Das Chaos, das sich mir dort bot, spottet jeder Beschreibung. Und die vielen leeren Schnaps- und Weinflaschen, die er an verschiedenen Orten versteckt hatte, sagten alles.

Vier Jahre lang hat K. mich sexuell missbraucht. Der Schock, der sein Opfer zu Beginn lähmte, war mit der Zeit einer verzweifelten Resignation gewichen. Der erste Schreck war zum schrecklichen Alltag, die überraschende Schändung zur gewohnten Schande geworden.

Doch das Opfer wehrte sich nicht mehr, nahm es einfach nur noch hin. Aber die Angst, der Ekel und die Scham blieben im Laufe der Jahre unverändert.

Meine Schwester ist von K.s verbotenen Spielen verschont geblieben; aber sie muss einiges von dem mitbekommen haben, was er mir angetan hat. Im Heim habe ich sie nie darauf angesprochen. Was hätten wir auch sagen sollen? Es war etwas Unaussprechliches zwischen uns, und wir schämten uns dafür.

Erst Jahre später fanden wir die richtigen Worte, um «es» zur Sprache zu bringen.

Und als ich dann endlich auch mit anderen Menschen darüber reden konnte, war es zu spät: Der jahrelange Missbrauch sollte für immer ungesühnt bleiben. Aber das war mir egal.

Mehr als zehn Jahre vergingen, bis K. als Kinderschänder aktenkundig wurde: Im Juni 1998 wurde er verhaftet. Gegen ihn war ein Ermittlungsverfahren wegen Kindsmissbrauchs eröffnet worden. Und ich fiel aus allen Wolken, als ich aus den Medien erfuhr, was ihm vorgeworfen wurde: K. hatte

zwei Buben missbraucht – etwa zur selben Zeit, als auch ich im Heim W. seiner Neigung zum Opfer gefallen war. Und ich hatte all die Jahre hindurch immer geglaubt, ich sei die Einzige gewesen.
Die Vorwürfe waren unbestritten; dennoch verlief das Verfahren im Sand: Die ihm zur Last gelegten Verfehlungen waren – ebenso wie mein Fall, und höchstwahrscheinlich noch zahlreiche andere – längst verjährt.
Ich habe gegen K. nie Klage eingereicht. Es wäre zum Zeitpunkt, als die Spätfolgen seines Tuns offen zu Tage traten, ohnehin zu spät gewesen. Und selbst wenn K. zur Verantwortung gezogen würde und im Zuchthaus büssen müsste: Die Verletzungen, die meiner Seele zugefügt wurden, bleiben unheilbar. Kein Richterspruch kann die beschädigte Sexualität reparieren.
Ich brauche keine Justiz, die an meiner Stelle Rache übt. Aber auch Kinder, die in einem Heim aufwachsen, haben ein Recht darauf, vor pädophilen Pädagogen geschützt zu werden.

Noch heute, im Sommer 1999, steht K. als Leiter dem Kinderheim W. vor.

Marco

Ein ewiges Hin und Her

Es ist wieder so weit: Marco hat mich verlassen.
Mitte Juli 1999, nach acht Monaten ...
Vorgestern Nacht ist er plötzlich aufgestanden, hat seine Sachen in Müllsäcke gestopft und ist gegangen. Einfach so. Weggegangen.
Nicht, dass es zum ersten Mal passiert wäre: Vor zwei Wochen habe ich die Initiative ergriffen und ihn rausgeschmissen. Er hat sich in seine alte Wohnung vor der Stadt zurückgezogen, ein paar Tage lang geschmollt, und als er dann wieder vor der Tür stand, um seine restlichen Sachen abzuholen, sind wir einander reumütig um den Hals gefallen und haben geschworen, dass wir von nun an alles besser machen wollen.

Diesmal jedoch sieht es ganz so aus, als wäre es für immer.

Manchmal habe ich wirklich geglaubt, dass wir uns eine gemeinsame Zukunft aufbauen könnten. Offenbar hat dieses Phänomen, das man Glück nennt, in meinem Leben nichts verloren. Nicht in diesem blinden Leben. Das Glück ist für andere reserviert.

Seit Stunden sitze ich auf meinem Ledersofa, allein mit diesem bohrenden Schmerz, und wäre froh, so richtig drauflosheulen zu können. Aber unter der vernarbten Schleimhaut meiner Augenhöhlen versagen selbst die Tränendrüsen.

Heute Morgen hätte mein Journi kommen sollen, wir wollten über Marco reden ... Um halb acht habe ich ihn angerufen und gesagt, er brauche gar nicht zu kommen, es gehe mir nicht so besonders ...
Ich mag nicht reden, mit niemandem, und schon gar nicht über mein beschissenes Leben. Ich habe auch keine Lust, ins Training zu gehen. Diese alles lähmende Lustlosigkeit hält mich gefangen. Und ich erkenne immer deutlicher, wieviel Energie mich dieses Wechselbad der Gefühle während der letzten Monate gekostet hat. Marco hat mir meine ganze Kraft genommen.
Darum ist es vielleicht gut so, wie es gekommen ist.

Ich bin ja selber schuld; schliesslich habe ich das verhängnisvolle Gespräch begonnen. Oder hätte ich vielleicht nicht die Wahrheit sagen sollen, gestern Abend?

Wir liegen im Bett, kuscheln uns unter der Decke aneinander und finden keinen Schlaf.
«Marco?»
«Ja, Niggeli!»
Ich mag es, wenn er mich so nennt; er kann so zärtlich «Niggeli» sagen.
«Hast du eigentlich schon viele Frauen gehabt vor mir?»
«Weiss ich doch nicht mehr!»
«Klar weisst du es – wenigstens ungefähr. Komm, sag schon.»
«Könnte ich dich umgekehrt ja auch fragen.»
«Ich habe zuerst gefragt.»
Kurzes Schweigen. Er sollte es eigentlich wirklich wissen; ich hab's ihm am Anfang schon gesagt. Warum nur sind Männer immer so vergesslich? Oder Weltmeister im Verdrängen ...

«Also gut, ich sag's dir ...»
Ich nenne ihm eine Zahl, die der Wahrheit recht nahe kommt.
«Was? Das glaube ich nicht!»
«Okay – es waren nur vier.»
«Vier vor mir oder vier mit mir?»
«Und wenn es mehr als vier wären? Wäre das so schlimm?»
«Allerdings. Dann wärst du eines von diesen verlebten Mädchen – furchtbar!»
«Würdest du nicht mehr mit mir zusammensein wollen?»
«Sicher nicht!» Er sagt es im Brustton der Überzeugung.
«Dann weiss ich ja jetzt Bescheid!»
Marco flippt aus. «Ich finde dich widerlich!», schreit er mich an. «Ich kann dich nicht mehr anfassen, nicht mehr anschauen, nicht mehr riechen. Du ekelst mich an! Bei mir hast du nie Lust auf Liebe, und vor mir hast du mit all den Männern rumgemacht!»
«Es stresst dich doch nur, dass du nicht der Erste bist!»
«Ein paar Monate hast du auch mich gehabt ...!» Marco schlägt die Decke zurück und steht auf. «... Jetzt kannst du dir wieder einen Neuen suchen.»
«Marco! Es ist vorbei, das mit den anderen – längst vorbei! Ich hatte doch immer nur geglaubt, dass man Sex geben muss, wenn man Liebe kriegen will!»
«Ich muss gehen!»
«Okay – du bist nicht der erste. Aber du bist der Wichtigste – und wahrscheinlich auch der Letzte!»
Ich höre, wie Marco sich anzieht und seine Sachen zusammensucht.
«Marco. Ich brauche dich doch! Und ich habe dich sehr gern.»
Die Wohnungstür fällt ins Schloss. Unten auf dem Parkplatz

springt ein Motor an. Sein neuer Smart! Marco fährt total ab auf die Winzlinge.
Jetzt brauche ich wenigstens nicht mehr auf diesen Sitzen zu hocken, denke ich voller Grimm und Trotz.
Noch vor wenigen Wochen haben wir gemeinsam die Polster ausgewählt – schönes, weiches Leder. Aber als ich mich dann in den neuen Wagen setzte, merkte ich sofort, dass die Sitze mit gewöhnlichem Stoff überzogen waren. Mein Gott, hat mich das geärgert!

Ich merke: Ich weiche der Traurigkeit aus; es könnte leicht Verzweiflung daraus werden.
In dieser Nacht kann ich nicht mehr schlafen.

Ich lasse die Zeit mit Marco vor meinem geistigen Auge Revue passieren.
Die Schmetterlinge im Bauch, wie sie Cyril, meine erste grosse Liebe, oder Andi, meine letzte grosse Enttäuschung, aufgescheucht hatten, konnte Marco nie flattern lassen. Er ist kein atemberaubender und auch kein besonders sinnlicher Mann.

Aber er hat eine wunderbare Stimme. Das ist mir schon an jenem Freitagabend Ende Oktober letzten Jahres aufgefallen. Ich erinnere mich, als sei es erst gestern gewesen, an die Nacht, in der ich nahezu ununterbrochen am Telefon hing.

Marco steckt am Zürcher Bellevue im Stau, hört mich im Autoradio reden, ich habe in der Sendung «Eins + Eins» bekannt gegeben, ich sei auf die Hilfe eines sehenden Menschen

angewiesen, und tippt meine Nummer in sein Handy. «Ich bin im Fall kein Partner für dein Krafttraining», stellt er sich vor, «aber ich musste einfach anrufen, weil ich es ganz grossartig fand, wie du dich am Radio präsentiert hast!»
Der Stau am Bellevue kommt gerade recht: In aller Ruhe können wir plaudern und flirten und finden einander immer interessanter, bis der Akku seines Handys keinen Saft mehr hat.
Kaum habe ich aufgelegt, läutet das Telefon erneut. Ein Redaktor der «Schweizer Familie» will mich für ein Interview gewinnen. Ich sage ihm, er solle mich morgen nach dem Training im Hallenbad Oerlikon abholen.
Und dann ist Marco, inzwischen zu Hause, wieder auf der Leitung. Aber auch die Batterie dieses Telefons ist nach einer Stunde erschöpft. Zum Glück! Denn wir haben einander noch so viel zu erzählen. Eine Viertelstunde später – es ist inzwischen zwei Uhr nachts – steht Marco vor meiner Tür. Er bleibt die ganze Nacht.
Aus einfühlsamen Worten werden zärtliche Berührungen, aus Liebkosungen vorsichtige Küsse. Schliesslich nehme ich ihn an der Hand und führe ihn ins Schlafzimmer.
Wir sind zwei Körper, die einander neugierig erforschen. Aber wir hüten uns, den Hunger zu stillen. Nicht in dieser ersten Nacht.

Am nächsten Mittag führt mich der Journalist zum Essen aus, und ich erzähle ihm zwei Stunden lang meine Geschichte. Er zeigt sich beeindruckt und meint, dieses Schicksal sprenge den Rahmen einer Illustriertenstory, da stecke Stoff drin für ein ganzes Buch. Ich bin mir nicht so sicher, wie ernst ich ihn nehmen soll – und ahne nicht, dass er schon bald «mein Journi» sein wird ...

Am Nachmittag treffe ich mich wieder mit Marco. Wir fahren in die Stadt, bummeln durch die Bahnhofstrasse, verwöhnen einander mit Geschenken: Ich kaufe Marco zwei enge Boxer-Shorts von Hugo Boss; er wählt für mich einen exklusiven Seidenschal aus.
Marco ist sechsunddreissig Jahre alt, 15 Jahre älter als ich, doch er sieht – ich werde mir das später von verschiedenen Menschen bestätigen lassen – wesentlich jünger aus. Ich spüre eine tiefe Zuneigung zu diesem Mann, und ich wünsche mir, dass wir zusammenbleiben und eine Beziehung aufbauen können. Eigentlich möchte ich keinen Tag mehr ohne ihn sein.
«Hast du morgen schon was vor?», frage ich ihn, während wir von unserem Einkaufsbummel nach Hause fahren.
«Klar. Ich weiss nur noch nicht, was. Hauptsache, du bist dabei!» «Morgen ist Sonntag; wir könnten in die Sauna gehen ...»

Unterwegs zur Sauna werde ich zum ersten Mal stutzig.
Marco sagt, er habe vergessen, auf die Bank zu gehen, ob ich ihm den Eintritt für die Sauna auslegen könne.
Eigentlich weiss ich es zu schätzen, wenn Männer sich, vor allem zu Beginn einer möglichen Beziehung, als Kavaliere erweisen. Und mich einladen.
Ich hatte schon geglaubt, der Mann schwimme im Geld; so grosszügig, wie er sich gegeben hat, so enthusiastisch, wie er von seinem Job geschwärmt hat: Marco ist Einkäufer in einem Unternehmen der Telekommunikationsbranche.
Die Ernüchterung ist bitter: Es stellt sich heraus, dass Marco sein letztes Geld für den Seidenschal ausgegeben hat; er ist völlig abgebrannt und seine finanzielle Situation ein grosses Desaster.

Als ich später allmählich dahinter komme, kann ich schon nicht mehr zurück. Da habe ich Marco bereits so lieb gewonnen, dass ich auf die sanfte Wärme und die kuschelige Zärtlichkeit, die er mir gibt, nie mehr verzichten möchte. Ernüchtert stelle ich fest, dass das Schicksal mir wieder einmal einen Brocken in den Weg gelegt hat. Und ich frage mich: Warum trifft es schon wieder mich?

In der zweiten Nacht haben wir miteinander geschlafen. Kein berauschendes Feuerwerk der Sinnlichkeit, eine Erfahrung ohne jeden Erinnerungswert.
Und am Morgen schwingt Marco sich resolut aus dem Bett.
«So – ich gehe jetzt.»
«Was soll das heissen?»
«Dass ich gehe. Für immer.»
Es tönt entschieden und unwiderruflich.
«Das kannst du mir doch nicht antun – Marco! Nicht jetzt!»
«Eben – ich will dir mich nicht antun. Ich komme nicht mehr!»
«Aber warum denn? Marco, bitte tu's nicht!»
Er geht raus.
«Marco!»
Und wieder einmal lastet die ganze Ungerechtigkeit dieser Welt auf meinem Gemüt.
Da höre ich, wie die Wohnungstür von innen zugezogen wird. Marco kommt zurück und umarmt mich.
«Ich kann dich nicht verlassen, Niggeli. Ich kann es einfach nicht!»

Im Lauf der nächsten Tage zieht Marco bei mir ein. Er bringt zwar keine Möbel mit, und seine Wohnung in der Agglomeration läuft weiterhin auf seinen Namen. Doch er wohnt und schläft bei mir, und die Post lässt er umleiten: ... c/o Nicole Deck ...

Monate später geht mein Journi mit mir die Post durch. Ich lege ihm ein Couvert in die Hand, spüre, wie er zusammenzuckt.
«Was ist das für ein Brief?»
«Es ist nicht für dich, es ist für Marco!»
«Was denn?»
«Hier, die Adresse, ich kann es kaum glauben: Ein Wort, vier Buchstaben und zwei fatale Druckfehler!»
«Hä?»
«Da steht sein Name. Und darunter: ... c/o Nicole Dead ...»
«Was heisst das?» Ich frage, obwohl ich die Antwort weiss.
«Sag ich nicht!»
«Sag's!»
«Bei der toten Nicole ...»
Wie sich herausstellen wird, hat ein Luzerner Datenzentrum die fehlerhafte Adresse für eine Spendenaktion verkauft – ein Brief unter Tausenden. Er richtet sich nicht einmal an mich, aber der makabre Druckfehler auf der Adresse trifft mich.
Und noch etwas kommt dazu: Absender des Schreibens ist die SFA, die «Schweizerische Fachstelle für Alkohol- und andere Drogenprobleme».
Marco, der Adressat, hat ein «anderes Drogenproblem».
Schon nach wenigen Nächten, die er bei mir verbringt, habe ich es geahnt:
Wir liegen im Bett, und ich streichle ihn. Dabei fällt mir auf, dass seine Hände merkwürdig aufgequollen sind. Ich spüre unter meinen Fingerspitzen kleine Narben auf seinem schlan-

ken Körper – vor allem an den Armen, aber auch um die Fesseln.
«Marco, was ist das da?»
Er zögert mit der Antwort. «Das sind die Spuren von einem Töffunfall, den ich in Asien hatte. Sie hatten mir im Spital die Infusion schlecht gesteckt.»
Zunächst glaube ich ihm.
Doch mit der Zeit kristallisiert sich die Wahrheit immer deutlicher heraus.
Plötzlich ahne ich den wahren Grund für seine latente Zahlungsunfähigkeit. Und mir wird klar, weshalb Marco sich, kaum haben wir die Wohnung betreten, immer sofort für mindestens zwanzig Minuten im Bad einschliesst.
«Marco – was machst du eigentlich da drinnen?»
«Nichts.»
Er nimmt nie ein Buch oder eine Zeitung mit. Und er besteht darauf, nicht gestört zu werden.
«Irgendetwas ist mit dir ...»
«Lass mich in Frieden!»
«Marco, ich glaube, du hängst an der Nadel ...»
«Und wenn es so wäre?»

Aus der Vermutung wird eine schreckliche Gewissheit: Ich habe mich in einen Fixer verliebt. Nicht in einen asozialen, abgefuckten Junkie, einen von diesen armen Teufeln von der Gasse. Marco ist ein in der Gesellschaft integrierter Heroinkonsument. Er führt ein geregeltes Leben und verfügt über ein regelmässiges Einkommen. Er kann witzig und charmant sein, und bislang ist es ihm sogar gelungen, seine Krankheit vor dem Chef zu verheimlichen.
Warum muss ich mich in einen Drögeler verlieben?

Ich weiss zwar nicht, ob es wirkliche Liebe ist. Manchmal bin ich überzeugt, dass eine Beziehung, die so viel Stress, so viele Enttäuschungen und so viel Misstrauen erdulden muss, mit dem Gefühl, das man Liebe nennt, nicht besonders viel zu tun haben kann. Wenn es Liebe ist, dann in einer Form, die ich bislang noch nicht kennen gelernt habe. Eine Liebe ohne Leidenschaft – eine ganz neue Erfahrung.

Wenn wir Besuch haben, tischt Marco Kaffee auf. Und wenn ihm der Sinn danach steht, kann er ein ausgezeichneter Koch sein. Doch damit ist seine Hilfsbereitschaft schon erschöpft. Er ist viel zu sehr mit sich und seiner Sucht beschäftigt.
Nach dem Essen lässt er mich meist in dem Chaos allein, das er in der Küche angerichtet hat. Mit dem Tastsinn mache ich mich dann auf die Suche nach Speiseresten und eingebrannten Krusten auf Tellern und Pfannenböden.
Von alleine käme Marco nie auf die Idee, einen Putzlappen oder den Staubsauger in die Hand zu nehmen: «Neben dem Schwimmen hast du ja den ganzen Tag Zeit!»

Mehr als ein halbes Jahr lang habe ich ihn durchgefüttert und ihm das Benzin fürs Auto bezahlt. Und ich habe es gerne getan, obwohl ich selbst kaum zurecht komme. Schliesslich fährt er mich auch gelegentlich zum Arzt oder ins Training.
Ich finanziere ihm sogar seine Nikotinsucht, obwohl es mich anwidert, wenn er immer wieder seine Zigaretten in meiner Kaffeetasse ausdrückt.
Meinetwegen dürfte er ja rauchen – auf dem Balkon. Aber er raucht im Bett! Wenn er wenigstens besser aufpassen würde ... 740 Franken haben mich die beiden Löcher gekos-

tet, die er in die Hülle meiner Wasserbettmatratze gebrannt hat.
Hoch und heilig hat er mir versprochen, dass er nie mehr im Schlafzimmer eine Zigarette anzünden werde. Und dann finde ich neue Brandlöcher in der Bettwäsche und im Veloursteppich in der Stube. Er meint offenbar, ich merke es nicht, wenn er sich vor dem Fernseher ein Zigarette ansteckt, dabei einschläft und die brennende Kippe auf den Boden fallen lässt. Ich kann es nicht sehen. Aber ich fühle die Brandlöcher sehr gut unter den Fussohlen.
Marco macht die grossartigsten Versprechungen: «Wenn ich dich irgendwie unterstützen kann, sag es mir, Niggeli. Ich tu alles für dich!» Aber wenn ich ihn frage, ob er bitte ins Training mitkommen und meine Zeiten messen könne, nur dieses eine Mal, dann tut es ihm furchtbar leid. Im Moment habe er wirklich keine Zeit.

Nein. Ich habe keine Lust und nicht die Möglichkeit, ihm auch noch die Drogensucht zu berappen.
Wenn Marco Stoff braucht, kennt er nichts. Dann kann er mich wegen ein paar Franken hintergehen, obwohl er ganz genau weiss, dass er damit unsere Beziehung aufs Spiel setzt.

Wenn ich irgendwo in der Wohnung Bargeld liegen lasse, ist es im Handumdrehen in seiner Tasche verschwunden. Wenn ich ihm meine Kontokarte überlasse und ihn bitte, 300 Franken abzuheben, muss ich später feststellen, dass 500 Franken belastet wurden. Und wenn er sich bei seiner Mutter wieder einmal fünf Hunderter geschnorrt hat, setzt er das Geld sofort in Drogen um, statt auch einmal einen Einkaufskorb in der Migros zu füllen.

Wir wollen versuchen miteinander zu leben – trotz allem. Ich muss damit leben, dass Marco labil, unzuverlässig und dem Heroin verfallen ist, er muss sich damit abfinden, dass ich launisch und ungeduldig bin, blind und lebensmüde.

Die Auseinandersetzungen werden in letzter Zeit immer lauter. Die Abstände dazwischen immer kleiner. Die Worte immer böser.
Manchmal halten wir es nicht mehr aus. Dann geht er. Oder ich schmeisse ihn raus. Später ruft er mich an. Oder ich ihn. Und wir beteuern, wie leid es uns tue. Und dass wir ohne einander nicht leben wollen. Und immer wieder wird mir bewusst, dass ich das auf die Dauer nicht aushalte. Dass etwas passieren muss.

Zur Adventszeit stellte ich ihn vor die Wahl.
«Marco, du musst dich entscheiden: das Gift oder ich!»
«Ich kann von beidem nicht lassen.»
«Du musst einen Entzug machen!»
«Aber das bringt nichts; ich habe es schon so oft versucht!»
«Dann versuch's noch einmal – ich helfe dir dabei; ich lasse dich nicht allein. Über Weihnachten und Neujahr wagen wir es gemeinsam!»
Wir haben es immerhin versucht.

Jetzt ist er endgültig weg.
Ich sitze seit Stunden untätig auf dem Sofa und sehne mich nach dem Klang seiner vertrauten Stimme. Sitze da und warte auf die Tränen.
Das Telefon läutet.
«Niggeli. Es tut mir so leid. Ich liebe dich doch ...»

«Ich dich auch ...»
«Ich komme zurück.»
«Ja, tu das!»

Wenn ich mich wenigstens freuen könnte. Aber die Schwermut bleibt. Nichts hat sich verändert. Es geht weiter im Takt des Pendels.
Ein ewiges Hin und Her.

Der Cocktail

Giftige Gemeinheiten

Es war gegen Ende der 80er Jahre. Mit etwa zwölf Jahren begann die Pubertät meinen Körper zu modellieren. Gleichzeitig erwachte in mir ein neues Selbstbewusstsein: Ich lehnte mich gegen K. auf. Noch wagte ich zwar nicht, ihm zu drohen, dass ich alles verraten würde; aber ich brachte immer öfter den Mut auf, mich ihm zu verweigern.
Das knabenhafte Kind, das sich unübersehbar zu einer jungen Frau entwickelte und immer weniger für die schweinischen Spiele des pädophilen Pädagogen eignete, war das eine. Das andere war K.s Einsicht, dass ich die Übergriffe nicht mehr lange schweigend hinnehmen würde.
Beides führte dazu, dass die sexuellen Attacken irgendwann aufhörten.

Mit 13 Jahren war ich eines der ältesten und zugleich auch das «dienstälteste» Kind im Heim. Ich genoss weiterhin als K.s Lieblingszögling Privilegien, um welche die anderen mich insgeheim, manchmal unverhohlen beneideten. So war abends der Platz mit der besten Sicht auf den TV-Bildschirm für mich reserviert. Und ich war auch die Einzige, die jede Woche nach Winterthur fahren durfte, um im grossen Hallenbad mit den Kunstspringern zu trainieren. Dort hatte ich meine Leidenschaft für den Wassersport entdeckt: Ob in der Mannschaft beim Wasserball oder als Einzelkämpferin auf dem Sprungturm – ich war überall mit Begeisterung dabei.

Doch K.s Vorzugsbehandlung hatte auch ihre Schattenseiten. Ich hätte gerne auf alle Privilegien verzichtet, wenn mir die gehässige Eifersucht seiner Ehefrau, die schikanöse Behandlung einer Erzieherin, aber auch die Missgunst vieler Kinder dadurch erspart geblieben wären.
K.s Ehe steckte in einer Krise. Er bemühte sich gar nicht, seine häuslichen Probleme von uns fernzuhalten. Manchmal zankten sich die beiden lautstark vor den Heimkindern. Oder K. verlor beim gemeinsamen Essen die Beherrschung und brach in Tränen aus.

Die häufigen Wechsel beim Erzieherpersonal – viele Praktikanten blieben nur für kurze Zeit –, vor allem aber die ewigen Streitereien, wirkten sich auf die Stimmung im Heim aus: Sie war äusserst angespannt. Und manchmal steigerte sie sich in ein schier unerträgliches Mass. Ich habe doppelt darunter gelitten.
Es gab zwei Frauen im Heim, die einander im Bemühen, diesen verwöhnten Gof in den Senkel zu stellen, zu übertrumpfen suchten. Die eine war K.s eifersüchtige Ehefrau. Die andere war Frau F., eine Erzieherin, die schon längere Zeit im Heim arbeitete.
Frau F. hatte es auf die Lieblinge des Heimleiters abgesehen. Wer in seiner Gunst stand, wurde von ihr dauernd schikaniert. Zöglinge hingegen, die K. wenig beachtete, behandelte sie besonders fürsorglich. Vorher, als K. noch meine Schwester bevorzugt hatte, war Frau F. ausgesprochen freundlich zu mir. Ihre Abneigung gegen K. übertrug sie auf seine Günstlinge. Was sie uns antat, sollte ihn treffen.
Aber sie traf in erster Linie mich, und sie wusste ganz genau, wo meine empfindlichste Stelle war.

Die Telefongespräche mit Ida Altherr bedeuteten mir alles – meine Patentante war damals und auch später der einzige Mensch, von dem ich mich geliebt und verstanden fühlte. Sie hat es ihrerseits nie richtig verschmerzen können, dass wir nicht bei ihr aufwachsen durften.

«Ab sofort sind diese Gespräche verboten», schnauzte mich Frau F. an, als sie mich am Telefon erwischte. Sie riss mir den Hörer aus der Hand und gab Ida Altherr mit scharfen Worten zu verstehen, dass sie jeglichen Kontakt mit diesem Kind zu unterlassen habe: «Sie haben keinerlei Anspruch auf Nicole!» Ich verstand die Welt nicht mehr.

Manchmal, wenn sie gerade wieder einmal die Telefonrechnung bezahlt hatte, meldete sich auch unsere Mutter. Frau F., die nun immer selbst abnahm, rief dann jeweils Marion ans Telefon.

Ich durfte nicht mit der Mutter reden.

Frau F. war ein richtiges Ekelpaket; zwischen uns herrschte offener Krieg. Aber sie sass natürlich am längeren Hebel. Die Macht, die ihr mit der Erziehungsgewalt von Amtes wegen übertragen worden war, missbrauchte sie mit Vorliebe während der Nacht. Selten konnte ich ruhig schlafen, wenn Frau F. Nachtwache schob. Schon wenn ich ins Bett ging, ahnte ich, was passieren würde:

Oft standen die Zeiger des Weckers nämlich erst auf halb fünf am Morgen, wenn sie ins Zimmer kam und mich unsanft wachrüttelte.

«Du musst noch Aufgaben machen!»

«Aber die habe ich doch gestern schon fertig gemacht!»

«Komm, steh auf, du gehst jetzt in die Kammer!»

Das war ein kleines Zimmer mit einem winzigen Fenster, einem Tisch und einem Stuhl davor. Ich hatte die Rechenaufgaben tatsächlich gemacht. Aber sie legte mir einfach ein Blatt Papier mit neuen Rechenübungen vor die Nase, lauter stumpfsinnige Zusammenzählaufgaben. «So kann's gehen», sagte sie, «wenn man alles besser wissen und immer widersprechen will!»

Natürlich beklagte ich mich bei K. Doch der hatte, wenn es wirklich drauf ankam, nie den Mut, zu mir zu stehen. Wenn er hätte Stellung beziehen sollen, gab er sein wahres Gesicht zu erkennen – der elende Feigling.
Er half mir auch nicht, als seine Frau mir das geliebte Wasser wegnahm:
An jenem Abend war ich ausserhalb des Trainingsprogramms zum Schwimmen ins Hallenbad gefahren und hatte danach beim Schwatz mit einem Kollegen die Zeit vergessen, als plötzlich K.s Sohn mit seinem Mofa angerast kam und mich aufforderte, sofort nach Hause zu kommen. Seine Mutter hatte ihn nach mir geschickt.
«Wir haben uns ja so Sorgen gemacht», heuchelte sie, als ich im Heim eintraf. «Ab sofort ist Schluss mit der Schwimmerei, du hast Hallenbadverbot!»
Doch das Training konnte sie mir nicht verbieten!

Ich könnte nicht sagen, welche der beiden Frauen schlimmer war – Frau F. machte mir Angst, Frau K. war ausgesprochen böse. Ich kann nur vermuten, dass sie ahnte, von welcher Art die Anziehungskraft war, die ich auf ihren Mann ausübte. Ihr konnte nicht entgangen sein, dass K. sich – zumindest nach aussen – ganz besonders gut mit mir verstand. Und er tat sein Bestes, diesen Eindruck zu untermauern. Was sie als offene Provokation empfinden musste.

Mehr als einmal ist es vorgekommen, dass ich Frau K. in meinem Zimmer erwischte, als sie gerade dabei war, meine Schubladen zu durchsuchen. Ganz offensichtlich wollte sie Geschenke finden, die ich von ihrem Mann bekommen hatte und wollte sie als belastendes Beweismaterial sicherstellen.
Frau K. konnte die vertraute Nähe, die K. zu mir pflegte, nicht ertragen – und rächte sich an mir. Mit spitzen, sarkastischen Bemerkungen liess sie mich ihre Verachtung spüren. Und ihren abgrundtiefen Hass gegen mich.
Oder war es gar eine absurde Angst, ich könne ihr zur Rivalin werden ...

Aber sie hatte sich unter Kontrolle.
Im Gegensatz zu ihrem Mann, der in blindem Zorn schon mal einen Klavierhocker nach mir warf, wandte Frau K. nie physische Gewalt an. Das überliess sie ihrem Sohn.
Er war ein paar Jahre älter als ich. Früher einmal waren K. und sein Sohn ein Herz und eine Seele gewesen, doch dann gelang es der Mutter, den Sohn auf ihre Seite zu ziehen und gegen den Vater aufzuhetzen. Oder gegen mich. Dann rannte er hinter mir her, und wenn er mich erwischte, schlug er auch schon mal zu.

Am schmerzhaftesten aber waren die kleinen, giftigen Gemeinheiten: sarkastische Bemerkungen, verletzende Worte – Bosheiten, die sich tief in meine Seele bohrten.
K. liess es geschehen. Er spielte ein hässliches Doppelspiel: Wenn er allein war mit mir, markierte er den väterlichen Freund und liess die Atmosphäre einer falschen Vertrautheit entstehen. Er bat mich, ihn beim Vornamen zu nennen, aber

dem widersetzte sich allein schon mein verletzter Stolz. Und die verlorene Ehre.

Ich war recht selten krank oder verletzt. Schon gar nicht gehörte ich zu jenen Kindern, die ständig ein Wehwehchen simulieren. Wenn ich allerdings etwas hatte, war es gravierend. Doch ich konnte mit einem Faserbruch am Handgelenk vom Fussballplatz zurückkommen, mir mit dem Brotmesser tief in den Finger schneiden oder nach einem Autounfall gar mit blutendem Schädel und einer Gehirnerschütterung im Spital liegen – bei Frau K. stiess ich immer auf dieselbe Reaktion: «Ach herrjeh, tut's wieder weh», sagte sie dann. Und doppelte giftig nach: «Geh doch zu ihm, er wird dich schon trösten!»
K. liess sich aber lieber von mir trösten: In Situationen der Zweisamkeit, die er ganz trefflich und rein zufällig zu arrangieren wusste, konnte er vor mir sitzen und tränenreich das Leid seiner Ehe beklagen. Als wäre ich seine Geliebte, jammerte er mir vor, dass seine Frau ihn nicht verstünde: «Sie ist so gemein, sie macht mich fertig und behandelt mich wie einen Idioten ...»

Ich war doch ein Kind! Dieser heulende Mann überforderte mich in jeder Beziehung. Er widerte mich an und zugleich tat er mir unendlich leid. Ich war völlig verunsichert und mit den Nerven am Ende.

Das Heimleiterpaar hatte wieder einmal einen dieser langweiligen Wochenend-Ausflüge ins Blaue geplant, und ich rebellierte dagegen. Ich wäre viel lieber an eine Party gegangen als auf Wanderschaft. K. hätte mich ja gehen lassen, für

seine Frau hingegen kam es, obwohl auch sie zuvor eingewilligt hatte, plötzlich überhaupt nicht mehr in Frage, dass ich schon wieder eine Extrawurst bekommen sollte: «Du kommst mit uns!»
Da rastete ich aus: «Eine ganz blöde, gemeine Kuh sind Sie, jawohl!», brüllte ich sie an. «Und mir können Sie gar nichts vormachen, Ihr Mann hat mir erzählt, wie böse und lieblos Sie ihn behandeln!» Sie kochte vor Wut. «Ich will dich überhaupt nicht mehr sehen hier!»
K. stand daneben und sagte kein Wort.

Deutlicher und schmerzlicher denn je wurde mir bewusst, wie einsam ich war. Alle waren gegen mich, niemand hielt zu mir. Ich war es, mich traf die Hauptschuld: Weil K. mich auf seine abartige Weise begehrte, war ich im Begriff, seine Ehe zu zerstören. Ich fühlte mich furchtbar schuldig und schrecklich überflüssig.
Das bekannte Gefühl der schleichenden Verzweiflung übermannte mich: Ich glaubte, dem Leidensdruck nicht mehr standhalten zu können, und war überzeugt, dass mein Leben weder Sinn noch Nutzen hatte. Mehr denn je bedrückte mich die ganze Ungerechtigkeit der Welt, und ich überlegte mir zum ersten Mal sehr konkret, wie ich dieses Leben möglichst rasch beenden könnte.

Zum Glück gab es noch die Familie Londero. Die Londeros waren über Jahre hinweg unsere dritten Pflegeeltern. Wenn das Heim geschlossen war, aber auch über zahlreiche Wochenenden, machten wir bei ihnen Ferien vom Heim. Es waren schöne, entspannte Tage; Marion und ich freuten uns jeweils sehr darauf.

Sie hatten drei eigene Kinder: Patricia war ein Jahr älter, Raffael zwei und Franziska drei oder vier Jahre jünger als ich. Das alte Riegelhaus in Rämismühle kam uns wie ein kleines Paradies vor; es war voll toller Spielsachen. Vater Londero brachte mir, als ich noch klein war, auf einem alten roten Fahrrad mit weissem Sattel das Velofahren bei.
Doch das Wichtigste, das wir bei dieser Familie lernten, war die Kunst der Auseinandersetzung: Wir machten die Erfahrung, dass man Konflikte auch ohne Gewalt lösen und sich mit Argumenten besser einigen kann als mit den Fäusten.

Doch auch bei den Londeros liess mich der Gedanke an den Tod nicht mehr los, die Sehnsucht wurde immer grösser.
Über mehrere Wochen hinweg nahm ich jede Gelegenheit wahr, Medikamentenschränke zu plündern. Im Heim, aber auch bei der Familie Londero, klaute ich wahllos Tabletten – blaue, rote, weisse – und legte mir heimlich eine Sammlung an.
An einem Abend im Frühling 1992 war mein kleiner, bunter Schatz in der Schublade auf rund 50 Pillen angewachsen. Das muss reichen, sagte ich mir, und stibitzte in der Küche eine Hand voll Champignons. Dann verzog ich mich auf mein Zimmer – ich hatte schon lange mein eigenes –, würgte die Tabletten zusammen mit den Pilzen hinunter und musste, in der Hoffnung nie mehr aufzuwachen, schon bald eingeschlafen sein.

Mitten in der Nacht schreckte ich auf. Ich fühlte mich so miserabel wie noch nie zuvor, ich rang nach Luft und geriet in helle Panik. Ich glaubte, ersticken zu müssen und schrie um Hilfe.

Ein junger Erzieher, der im Heim W. sein Praktikum machte und zur Nachtwache eingeteilt war, kam hereingestürzt und schlug sofort Alarm.
Und dann pumpten sie mir im Spital den Magen aus. Sie schoben mir einen dicken Schlauch durch die Speiseröhre und leerten literweise Wasser hinterher. Schliesslich saugte eine Ärztin den Mageninhalt an, worauf der giftige Brei eruptionsartig meinen Körper verliess. Es war eine grauenhafte Tortur.
Auf der Intensivstation erfuhr ich von einem Arzt, dass der Pillen-Cocktail die Leber ernsthaft hätte schädigen können; tödlich hätte er allerdings kaum gewirkt.
«Bitte», sagte ich, «schickt mich nicht mehr ins Heim zurück; ich halte es nicht aus, ich kann dort nicht mehr leben!»
Und dann erzählte ich zum ersten Mal einem fremden Menschen, warum mir das Leben im Heim zur Hölle geworden war. Ich vertraute meine Not diesem Arzt und einer Kinderpsychologin an, die mich betreuten. Bruchstückhaft schilderte ich die sexuellen Übergriffe des Heimleiters und betonte, weil K. mir immer noch leid tat, dass ich mir nicht seinetwegen das Leben hatte nehmen wollen. «Ich kann nicht länger der Zankapfel zwischen Herrn K. und seiner Frau sein», begründete ich meine Kurzschlusshandlung. «Ich will nie mehr dorthin zurück!»

Als mein Beistand mich im Spital besuchte, klagte ich auch ihm mein Leid. So wurden die Vorwürfe aktenkundig. Wochen später wurde K. vor die Amtsvormundschaft zitiert, um sich dazu zu äussern. K. wusste, dass jetzt auch der Vorstand des Heimes von der Sache erfahren würde. Deshalb ergriff er die Flucht nach vorn und trat, noch bevor man ihn dazu aufgefordert hatte, vor den Vorstand, um sich zu rechtfertigen. Meine Behauptungen entsprängen der ausser Rand und Band geratenen Fantasie eines pubertierenden Kindes, soll er sinngemäss ausgesagt haben. Es handle sich um die verlogenen Unterstellungen eines Mädchens, das nicht zurechnungsfähig sei und nur eines im Kopf habe: ihm Schaden zuzufügen.

Wochen später hat K. – bei einem der vielen Anrufe, mit denen er mich noch lange verfolgen sollte – selbst zugegeben, dass er seine Haut retten wollte. Mein anfängliches Mitleid schlug in hellen Zorn um: K., der mich missbraucht, verwöhnt und mir immer wieder beteuert hatte, wie sehr er mich liebte, dieser K. war zu feige, zu den Gefühlen zu stehen, die er mir vorgeheuchelt hatte. Mich stellte er als Lügnerin hin, und – das war das Schlimmste – man glaubte ihm. So wurde der Skandal erfolgreich vertuscht.

Ich musste noch zwei Wochen im Spital ausharren, während die Behörden eine Bleibe für mich suchten. Es wäre auf der Hand gelegen, dass man mich der Familie Londero zugewiesen hätte. Doch aus Gründen, die ich nie erfahren habe, wurde ich vorerst in ein Übergangsheim nach Zürich abgeschoben und später bei der Familie S. untergebracht.

Wieder eine neue Pflegefamilie, eine neue Station in meinem Leben: Dachsen.

Sechs Jahre danach würde ich in diesem kleinen Dorf am Rhein das Augenlicht verlieren. Und wenn ich heute daran zurückdenke, frage ich mich, ob wohl alles ganz anders herausgekommen wäre, wenn ich damals bei der Familie Londero Unterschlupf gefunden hätte.

Entzug

Raclette und Ascorbinsäure

Weihnachten 1998. Draussen feiern sie das Fest der Liebe. Wir bleiben drinnen und sind weit entfernt vom Frieden auf Erden ...

Unsere Mutter hat für Marion und ihren Freund sowie für Marco und mich einen Raclette-Abend vorbereitet; auch die Pflegeeltern S. laden mich zu einem Essen ein. Ohne das Heroin.

Danach ist Weihnachten für uns gelaufen.

Am Heiligen Abend suche ich mit Marco meinen Hausarzt auf. «Mein Freund ist heroinsüchtig; wir wollen über die Festtage gemeinsam den Entzug durchstehen.»

«Sie wissen aber, dass es mindestens zwei Wochen dauert, bis Sie das Schlimmste überstanden haben! Wollen Sie eine Methadontherapie anfangen?» «Nein, danke, wir wollen einen kalten Entzug machen.» Der Arzt gibt uns seine private Telefonnummer: «Für alle Fälle! Und ich werde zwischendurch mal vorbeikommen und schauen, wie es Ihnen geht!»

In der Migros gebe ich die Bestellung für unser Weihnachts-Menu auf: Traubensaft statt Champagner, statt Lachs und Rollschinkli Guezli und Joghurt in rauhen Mengen, Haselnuss- und Kaffee-Joghurt, die hat Marco am liebsten. Ich lasse alles mit dem Taxi bringen.

Marcos Bruder hat uns einen Video-Recorder gebracht, Marion ist mit einem Stapel Videokassetten gekommen. Wir richten uns auf zwei harte, einsame Wochen ein.

Am Abend des ersten Weihnachtstages schliesse ich die Tür ab und verstecke den Schlüssel in einem Skihandschuh. «Ich lass' dich nicht mehr raus, Marco!» Er sagt nichts. «Marco, begreif doch, ich kann mit deiner Sucht nicht leben. Wenn wir eine Zukunft haben wollen, müssen wir das hier durchstehen!» «Ja ja», sagt er, «schon okay. Ich schaff' das!»
«Ich bleibe bei dir, und in zwei Wochen haben wir es überstanden!»
Marco zügelt den Fernseher ins Schlafzimmer und verkriecht sich im Bett. Er will alleine sein. Ich sitze in der Stube und höre durch die offene Tür die Videos mit, die Marco sich anschaut. Wir reden kaum miteinander; wir hoffen, dass dieser Tag bald vorüber ist, und warten auf den nächsten.
Wenn es Marco schlecht geht (und es geht ihm die ganze Zeit schlecht), duldet er niemanden in seiner Nähe. Auch mich nicht.
Ich verbringe die Nächte auf dem Sofa.
Irgendwann taucht der Arzt auf, erkundigt sich nach Marcos Befinden, untersucht ihn und lässt, bevor er wieder geht, eine Schachtel Beruhigungstabletten zurück.
Trotzdem wird Marco mit jedem Tag nervöser und ungeduldiger. «Niggeli, wo hast du den Schlüssel?» Er tönt verzweifelt. «Ich muss raus hier; ich halte es nicht mehr aus!»
«Du weisst genau, dass ich dir den Schlüssel nicht gebe, und wenn du noch so laut herumbrüllst!»
Ich höre, wie er die Balkontür öffnet. «Marco!»
Er steht schon am Geländer; ich halte ihn fest, klammere mich an ihn. «Mach doch keinen Blödsinn!»
Solange ihn die Schmerzen plagen, windet er sich im Bett; sobald sie nachlassen, zanken wir uns. Oder er versucht es auf die weiche Tour.

«Niggeli, bitte, ich muss dringend fürs Geschäft noch zwei Anrufe erledigen. Aber dafür brauche ich Unterlagen, und die sind unten im Auto ...»

«Nein!»

«Niggeli, so begreif doch, nur dieses eine Mal, ganz kurz!»

«Nein, zum letzten Mal: Nein!»

«Bitte, Niggeli!»

«Also gut, aber ich komme mit!»

Ich begleite ihn hinunter. Er holt irgendetwas aus dem Wagen. Als ich später heimlich in seinen Hosentaschen wühle, kommt ein kleines Papiersäckchen zum Vorschein. Gefüllt mit einem feinen Pulver.

«Marco, was ist das hier?»

«Nichts, Nicole, das ist nur ein Vitamin-C-Präparat! Ascorbin-Säure. Völlig harmlos!»

«Okay, dann nehm ich jetzt davon!»

Er lässt mich gewähren. Mein zerstörter Geruchssinn kann zwar Heroin nicht von Puderzucker oder sonstwas unterscheiden, aber ich glaube ihm. Ich weiss allerdings, dass man mit Ascorbinsäure eingetrocknete Heroinreste auflösen und das Gift wieder benutzen kann ...

Sylvesternachmittag. Es läutet an der Tür. Marion und meine Mutter kommen auf Besuch. Ich habe sie über Marcos Sucht und unsere Absicht, einen kalten Entzug durchzumachen, aufgeklärt. Sie machen sich Sorgen und wünschen uns weiterhin viel Kraft.

Als sie wieder gegangen sind, macht Marco mir eine Riesenszene. Er fühlt sich hintergangen, weil ich Marion und meine Mutter ins Vertrauen gezogen habe. Er ist so sauer, dass er mir nicht einmal ein gutes Neues Jahr wünscht.

Wir stehen das miteinander durch. Und sind doch Welten voneinander entfernt.

Nach dem Dreikönigstag geht Marco wieder zur Arbeit. Ich weiss, dass alles vergeblich war. Später wird er mir gestehen, dass er sich auch in diesen zwei Wochen mehrmals Heroinrückstände in die Venen gespritzt hat. Ich fühle mich hintergangen.
Aber ich kann ihn nicht verlassen. Ich kann ohne Marco genauso wenig leben wie mit seiner Sucht.
Und ich gebe die Hoffnung langsam auf, dass er jemals wieder von dem Gift loskommt.
Wenn ich nur wüsste, wie das alles weitergehen soll.

Drei Monate später wird Marco sich einem Methadonprogramm unterziehen. Und ich werde erfreut feststellen, dass sich dieser bislang so träge Mann zu einem vorbildlichen Hausmann entwickelt: Ohne das Heroin kann er plötzlich die Wäsche waschen, putzen und kochen.
Ob ich die Hoffnung doch zu früh aufgegeben habe ...

Auf der Kurve

Mit dem Daumen nach Italien

«Ihr könnt mir in die Kappe blasen – alle zusammen!» Ich hatte die Nase gestrichen voll, und mein Entschluss stand fest: «Jetzt hau ich ab!»

Ich war nach meiner Entlassung aus dem Spital in ein Übergangsheim nach Zürich-Riesbach gebracht worden und fand mich dort unter einer Horde halbkrimineller Jugendlicher wieder. Sie klauten alles, was nicht niet- und nagelfest war. Die meisten hatten Probleme mit Drogen. Entweder waren sie selber von dem Gift abhängig oder sie dealten damit. Und für viele traf beides zu.

Auch ich habe mich eine Zeit lang in den Gassen rund um die Langstrasse herumgetrieben und versucht, mein Taschengeld mit «Vermitteln» aufzubessern. Mit wenig Erfolg allerdings: In meiner kurzen Szenenkarriere habe ich mir vor allem eine Menge Ärger eingehandelt.

Aber das allein war nicht der Grund für mein Gefühl grenzenloser Einsamkeit.

Mit meinen vierzehneinhalb Jahren war ich in dem neuen Heim die Jüngste von allen – ein molliges Landei, das aus finsterster Provinz in die Stadt verpflanzt worden war. Hier aber war der Typ «Züri-Chick» angesagt. Und ich fühlte mich mit meinem Kummerspeck und der hässlichen Brille völlig fehl am Platz.

Der lange Schatten des Heims W. verfolgte mich bis nach Zürich. Andauernd rief K. an. Der Heimleiter beteuerte, wie sehr er mich vermisse, und bettelte, ich solle doch wieder

zurückkommen. Das nervte mich nicht nur, es beelendete mich.
In der Schule gaben sich die meisten zwar Mühe, möglichst nett zu mir zu sein. Dennoch gehörte ich einfach nicht dazu. Wer hier nicht kiffte, nicht einmal rauchte und sich – noch schlimmer – manchmal sogar für den Unterricht interessierte, war weg vom Fenster.
Deshalb war ich so einsam: Ich fühlte mich abgeschoben und ausgeschlossen.
Der Entschluss, den ich an einem schönen Tag Ende Mai fasste und am nächsten Morgen sofort umsetzte, war wie ein Befreiungsschlag: Ich stopfte einen Pulli, ein T-Shirt, den Badeanzug und noch ein paar andere Sachen in meine Sporttasche und verliess das Haus. Aber ich liess das Velo stehen, mit dem ich normalerweise zur Schule fuhr. Stattdessen ging ich zur Tramstation und bestieg den Elfer Richtung Hauptbahnhof.
«Hamburg-Altona» stand auf der grossen Anzeigetafel, «Paris» und «Rom». Nach Deutschland wollte ich nicht. Irgendwie hatte ich das Gefühl, dass ich dort unter die Räder geraten könnte. Frankreich? Auch nicht, von den Franzosen wusste ich so gut wie nichts. Italien ... genau! Dort ist das Meer, und die Leute sind herzlich. Das wusste ich von der Familie Londero, unserer dritten Pflegefamilie. Der Vater stammte aus Italien und er hatte uns versprochen, dass wir diesen Sommer mit ihnen die Ferien in seiner Heimat verbringen dürften.
Aber so lange mochte ich nicht mehr warten. Ich wollte jetzt nach Italien. Subito.
Nur, mit den paar Franken, die ich im Sack hatte, würde ich nicht einmal bis zur Grenze kommen.

Also ging ich wieder zurück zur Tramhaltestelle und fuhr bis zur Saalsporthalle. An der Ausfallstrasse, die zur Autobahn in den Süden führt, stellte ich mich hin und hielt den Daumen in die Luft.
Es dauerte nicht lange, bis ein freundlicher Geschäftsmann anhielt und mich einsteigen liess. Eine Weile lang sagte er kein Wort, dann musterte er mich von der Seite: «Mit dir ist doch irgendwas ...»
«Ich bin ausgerissen», gab ich offen zu. «Und Sie brauchen jetzt gar nicht zum nächsten Polizeiposten zu fahren; ich gehe auf keinen Fall zurück!» Der Mann bekam offenbar kalte Füsse: «Ich muss da vorne sowieso wieder raus; aber bei der Raststätte nimmt dich bestimmt einer mit!»
Es war ein junger Typ, der mich dort mitnahm. Auch er liess seinen Blick über meinen Körper wandern, und er fand ganz offensichtlich Gefallen daran. «Hättest du Lust», fragte er unumwunden, «mit mir was zu machen?» Natürlich wusste ich genau, was er meinte: Es war unverkennbar, dass er scharf auf mich war. Aber ich tat so, als hätte ich keine Ahnung: «Ich weiss nicht so recht ...»
Bei der Ausfahrt Landquart verliess er die Autobahn und bog in einen kleinen Feldweg ein. Es war später Vormittag und schon sehr warm. Ein mulmiges Gefühl beschlich mich, als er den Wagen anhielt. «Was hast du vor? Ich bin erst vierzehn ...» «Keine Angst, ich tu dir nichts!»
Ich traute ihm – er machte auf mich nicht den Eindruck eines gewalttätigen Menschen. Irgendwie fand ich sogar Gefallen an ihm. Ich war ein bisschen übermütig – und vor allem neugierig. Und so gab ich seinem Drängen nach und liess mich auf das Abenteuer ein. Mein Gefühl hatte mich nicht getäuscht: Er respektierte die Grenze, die ich ihm setz-

te. Wir schmusten ein bisschen herum, spielerisch, unbeholfen, harmlos – und hatten unseren Spass miteinander.
«Du hast jetzt deinen Anteil an die Benzinkosten bezahlt», grinste er schliesslich verlegen. Und brachte mich zurück zur Autobahn.
Der nächste war ein älterer Herr, so um die sechzig, ein ausgesprochen liebenswürdiger Mensch: Fritz, ein Holzhändler aus Basel. «Du hast bestimmt noch nichts gegessen», sagte er und lud mich in der nächsten Raststätte zum Mittagessen ein. Dort erzählte ich ihm, dass ich auf der Kurve war. Meine Geschichte beeindruckte ihn. «Willst du dir das nicht noch mal überlegen?», fragte er in väterlichem Ton. «Es gibt doch bessere Lösungen, als einfach so wegzulaufen!»
Doch ich liess mich nicht beirren. «Alle haben immer über mich bestimmt. Damit ist nun Schluss; ich lasse mich nicht mehr von einem Heim ins andere abschieben!»
Durch den San-Bernardino-Tunnel ging die Fahrt weiter ins Tessin. In der Nähe von Bellinzona hatte Fritz geschäftlich zu tun. Er war tatsächlich besorgt um mich, als er sich verabschiedete. «Mach keine Dummheiten», sagte er und steckte etwas in die Tasche meiner Jeansjacke. «Wenn du in Schwierigkeiten steckst, kannst du mich jederzeit anrufen! Hier ist meine Telefonnummer.»
Während ich wieder mit gestrecktem Daumen an einer Autobahnauffahrt stand, wollte ich mir seine Karte anschauen. Ich wühlte in der Jackentasche und fand neben dem Zettel mit der Telefonnummer auch zwei Hundertmarkscheine.
Viel später, als ich längst wieder zurück war, bin ich Fritz noch einmal begegnet: Ich rief ihn an, um mich für seine Grosszügigkeit zu bedanken, worauf er mich besuchte und zu einem Coupe einlud.

«Wenn du mir einen bläst, nehme ich dich mit!» An dem Kerl, der neben mir angehalten hatte und mich unverfroren aus dem offenen Fenster seines Autos begutachtete, fielen mir vor allem seine hellblauen, unheimlich stechenden Augen auf. Sie machten mir Angst. Mein Gefühl sagte mir, dass dieser Mann gefährlich werden könnte. «Danke für die Einladung, Idiot!» Ich zeigte ihm den Vogel. «Und für die Vorwarnung – du glaubst doch nicht im Ernst, dass ich jetzt noch einsteige!»

Die beiden nächsten Etappen verliefen – meiner dürftigen Italienischkenntnisse wegen – ziemlich wortkarg. Im Lieferwagen eines jungen Tessiners erreichte ich die Grenze in Chiasso. Dort nahm mich ein Italiener bis Milano mit. Beim Hauptbahnhof stieg ich aus. Und atmete erst einmal tief durch.

Da stand ich nun und bestaunte dieses imposante Gebäude. Zum ersten Mal in meinem Leben war ich in Italien. Zum ersten Mal erlebte ich eine Millionenstadt.

Milano – mein Gott, ich hatte es geschafft! Ich, der 14-jährige Schnudergof vom Land, hatte mich bis hierher durchgeschlagen. Wie weit mochte es wohl noch bis ans Meer sein?

Ich war glücklich, und ich hatte Angst.

Zunächst fiel mir der Dreck auf. Alles war schmuddelig und vergammelt. Ein ekelerregender Gestank stieg mir in die Nase, eine Wolke aus Russ, Urin und faulen Eiern.

Männer mit Aktenkoffern hetzten an mir vorbei. Elegante Frauen stolzierten in modischem Designer-Outfit daher. Dazwischen Diebe und Bettler, verwahrloste Kinder mit grossen, flackernden Augen und Penner, die sich an halblee-

ren Weinflaschen festhielten. Alle wirkten stumpf und seelenlos. Tausende von Menschen – ich war mittendrin und fühlte mich mutterseelenallein.
Ich steuerte eine Wechselstube an, liess mir für hundert Mark Lire geben, kaufte ein Sandwich und überdachte meine Situation. Es war sechs Uhr abends, und ich hatte keine Ahnung, wie und wo ich die Nacht verbringen sollte.

Auf dem Platz vor dem Bahnhof quatschten mich zwei Typen an. Ich liess durchblicken, dass ich kein Geld und kein Nachtlager hatte. Das sei doch kein Problem, sagten sie, sie würden ein gutes Hotel kennen, und weil ich so eine bella ragazza sei, würden sie mir das Zimmer gerne bezahlen. Ich dachte mir nichts dabei und folgte ihnen zu einer einfachen Pension – ich war ja so naiv.
Erst, als ich bei der Reception meinen Pass vorweisen musste, wurde den beiden klar, dass sie es mit «Käfigfleisch» zu tun hatten. Und mir, dass sie offenbar auch in dem Zimmer hatten schlafen wollen – mit mir! Jetzt verwarfen sie mit dem Ausdruck des Bedauerns die Hände. «Troppo giovane», sagte einer, «scusi», der andere. An einer Minderjährigen wollten sie sich die Finger nicht verbrennen – und machten sich aus dem Staub.

Allmählich brach die Dämmerung herein. Ich hatte mich am Rand eines kleinen Parks auf eine Bank gesetzt und sehnte mich nach einem Bett. Radebrechend versuchte ich, mit ein paar Junkies, die dort herumlungerten, ins Gespräch zu kommen, als hinter uns ein alter Mercedes anhielt. Ein junger Mann stieg aus und gesellte sich zu unserer Gruppe. Bald stellte sich heraus, dass er Tunesier war und Drogen-

dealer. Immerhin beherrschte er ein paar Brocken Deutsch. Er habe ganz in der Nähe eine «Mama», eine Art Schlummermutter, sagte er, dort könne ich unterkommen.
Und ich stieg in meiner grenzenlosen Naivität zu ihm ins Auto. Erst als wir nach mehr als einer Stunde immer noch durch die Agglomeration kurvten – es war inzwischen stockfinster geworden – durchfluteten mich abwechslungsweise heisse und kalte Schauer. Wenn der jetzt über dich herfällt, wurde mir mit erschreckender Klarheit bewusst, hast du keine Chance. Aber die Aussicht, allein durch diese trostlose Vorstadt zu irren, gefiel mir auch nicht. Ich nahm mir vor, meine Unschuld mit Zähnen und Klauen zu verteidigen.
In einem der gesichtslosen Hochhäuser spannte die «Mama» frische Leintücher auf ein Doppelbett und liess uns allein. Der Typ zog sich aus – seine Brust war voller Haare wie die eines Affen. Und mir graute bei der Vorstellung, dass er mich anfassen würde.
Natürlich versuchte er es.
«Nimm die Pfoten weg, sonst schreie ich das ganze Haus zusammen!»
Ich hatte Glück. Er versuchte es zwar noch ein-, zweimal und wurde sogar aggressiv, als ich weiterhin Widerstand leistete, aber schliesslich gab er nach und liess mich in Ruhe. Am Morgen war ich heilfroh, dass ich dieses Abenteuer unbeschadet überstanden hatte. Der Tunesier war zwar missmutig und wortkarg, weil er nicht auf seine Kosten gekommen war. Aber er zeigte Grösse in der Niederlage, offerierte mir sogar noch einen Cappuccino und fuhr mich zurück zur Stazione Centrale.
Gleich gegenüber gönnte ich mir bei McDonald's ein Pommes-frites-Frühstück. Mir war klar: Ich musste raus aus die-

ser schmutzigen Stadt. Ich wollte endlich ans Meer. Und so stellte ich mich wieder an den Rand einer Ausfallstrasse – und merkte mit Erstaunen, dass Mailänder Autofahrer keine Stöppler mitnehmen. Es dauerte jedenfalls eine Ewigkeit, bis endlich einer anhielt und mich zur Autostrada brachte, die nach Genova führte.

Der nächste – an ihn kann ich mich kaum noch erinnern – brachte mich bis zu einem Autobahnknotenpunkt kurz vor Genova, und ich beschloss, meine Reise in Richtung Côte d'Azur fortzusetzen.
Der Lenker des Lastwagens, der mich hier einsteigen liess, entpuppte sich als maulfauler Franzose. An den Wänden der Fahrerkabine klebten Bilder von nackten Frauen in aufreizenden Posen. Der Mann grinste ordinär, als er merkte, wie mich die obszönen Fotos befremdeten, aber ich bemühte mich, möglichst unbeeindruckt nach vorne auf die Strasse zu starren.
Nach einer Weile stupste er mich an und wies triumphierend auf sein widerliches Ding, das steif und fordernd aus seinem offenen Hosenschlitz ragte. Heftig schüttelte ich den Kopf, angestrengt bemüht, den Schock, der mir in die Knochen gefahren war, zu überspielen. Immerhin packte der Franzose seinen Notständer wieder ein. Aber er war so beleidigt, dass er seinen Laster auf den Pannenstreifen lenkte und mich auf der Stelle rauswarf.
Lange stand ich da, verloren am Rand der Autobahn, mit klopfendem Herzen meinem Schutzengel dankend. Und während ich mich fragte, warum ausgerechnet ich es dauernd mit Männern zu tun bekam, die mich offensichtlich als Freiwild betrachteten, hielt ein Carabinieri-Streifenwagen

an. Zwei junge, ausgesprochen hübsche Beamte erklärten mir, dass es verboten sei, hier zu trampen. Aber statt mich mitzunehmen, sagten sie, ich solle warten, sie würden zurückkommen und mich abholen. Doch darauf wollte ich es nicht ankommen lassen – vielleicht wurde ja schon nach mir gefahndet ...

Wenig später sah ich einen roten «Döschwo», der vor mir auf dem Pannenstreifen angehalten hatte, und ich war heilfroh, als ich hinterm Steuer eine junge Frau erkannte.

Sie war keine Italienerin. Wir versuchten die längste Zeit, uns mit einem Gemisch aus Englisch und Französisch zu verständigen. Bis wir schliesslich lachend feststellten, dass wir uns vergeblich abgemüht hatten: Sie war eine Deutsche!

«Was machst du denn hier», wollte sie wissen. «Hast du ein bestimmtes Ziel?»

«Ja», sagte ich voller Erleichterung. «Ans Meer!»

«Ich fahre nach Nizza. Kannst mitkommen, wenn du willst!»

«Danke! Aber ich möchte eigentlich lieber noch ein bisschen in Italien bleiben.»

Es dämmerte bereits, als die Frau bei der Ausfahrt Albenga die Autobahn verliess. Ein hübscher Badeort in der Provinz Savona. In der Nähe des Bahnhofs stieg ich aus. Weit und breit war kein Meer zu sehen, aber ich konnte es förmlich riechen.

«Mare?», fragte ich einen Einheimischen, und der lachte, wies mit der Hand zu einer Treppe und sagte so etwas wie: «Immer nur abwärts, du kannst es nicht verfehlen!»

Und dann stand ich am Strand. Nahtlos fast verschmolz am Horizont die tiefblaue Unendlichkeit der Wasserfläche mit der tiefblauen Unendlichkeit des Abendhimmels.

Das Mittelmeer – Wasser, so weit das Auge reicht.

Zum ersten Mal in meinem Leben sah ich das Meer.
Ergriffen stand ich da, liess den Moment auf mich einwirken und erkannte im ewigen Rhythmus der Wellen den Pulsschlag des Lebens.
Schliesslich kramte ich den Badeanzug aus meiner Sporttasche und nahm mein erstes Bad im Meer. Zunächst war ich richtig erschrocken, als ich den ersten Schluck Wasser erwischte – es war so extrem salzig, dass es mir fast den Magen umdrehte. Doch dann erkannte ich rasch, dass dieses Salz auch einen Vorzug hatte: Als ich mit langen, kräftigen Zügen durch die Wellen pflügte, fiel mir auf, wie leicht mir das Schwimmen fiel. Und ich genoss das neue Gefühl, vom Salzwasser getragen zu werden.
Es war empfindlich kühl geworden, als ich mich wieder anzog. Ich liess mich auf einem verlassenen Liegestuhl nieder und versuchte, ein Auge voll Schlaf zu finden. Doch der Nachtwind liess mich frösteln. Das Raunen der Wellen flösste mir eine merkwürdige Angst ein. Und die plaudernden Menschen, die hinter mir über die Strandpromenade flanierten, brachten mir die altbekannte Einsamkeit wieder ins Bewusstsein. Sie begleitete mich offenbar überallhin.
An Schlaf war nicht zu denken.
Also schulterte ich meine Tasche und suchte zwischen den Häusern Schutz vor dem eisigen Wind. Wie ein kleiner Hund rollte ich mich, an eine Mauer geschmiegt, auf dem Trottoir zusammen. Als ich noch immer nicht einschlafen konnte, irrte ich ziellos durch enge Gassen, fand schliesslich eine Parkbank und versuchte es, mit angewinkelten Beinen und der Tasche unter dem Kopf, noch einmal. Gegen vier Uhr morgens muss ich eingedöst sein. Jedenfalls stand die Sonne schon hoch am Himmel, als ich erwachte.

Ich ging zurück zum Meer, setzte mich auf einen Felsen und dachte über mein Leben nach. Was hinter mir lag, war wenig erbauend. Eine Zukunft sah ich nicht. Aber der Moment gefiel mir gut: Niemand da, der mir Vorschriften machte. Eigentlich störte mich nur dieses bohrende Gefühl im Magen. Bald würde ich mir irgendetwas Essbares beschaffen müssen.
Ich nahm meine Brille von der Nase, drehte und wendete das verhasste Ding und dachte: Scheiss auf die Hornhautverkrümmung! Gut Aussehen ist wichtiger ist als gut Sehen. Einen Moment lang überlegte ich mir, ob ich das Ding ins Meer werfen sollte. Doch dann versorgte ich die Brille in der Tasche – ich habe sie später nur noch benutzt, wenn ich am Computer arbeitete. Zufrieden nahm ich mein Buch hervor, vertiefte mich in die Lektüre und stellte fest, dass ich im Licht der warmen Morgensonne auch ohne Brille ganz gut lesen konnte.
Zwischendurch schaute ich auf, liess den Blick über das Meer und über den Strand schweifen, wo er immer wieder bei zwei hübschen jungen Burschen hängen blieb. Sie lagen schon seit Stunden da und waren ihrerseits damit beschäftigt, die weiblichen Schönheiten zu mustern. Es war mir nicht entgangen, dass sie auch mich längst schon ins Visier genommen hatten. Doch ich liess mir nichts anmerken – vorerst nicht.
Schliesslich kam der hübschere der beiden auf mich zu. «Tedesca?» «No», sagte ich, «Svizzera.»
«Aaaah, bene! Ich ein bisschen deutsch sprechen!»
«E io un poco italiano!» Ich lachte und staunte selber über meine sprachlichen Fortschritte – nach nur zwei Tagen!
Er hiess Renato und kam, wie auch Antonio, sein Freund, aus Turin.

«Ferien? Tutta sola?»
«Nicht ganz. Ich bin zu Hause weggelaufen.»
«Und schlafen – dove?»
Ich zuckte mit den Schultern. «Weiss nicht ...»
«Non e problema. Du kannst bei uns wohnen.»

Wir nahmen den Zug nach Torino, wo die beiden mich in ein Restaurant ausführten. Beim Essen kam die Sprache wieder aufs Übernachten. Wir beschlossen, alle drei in Antonios kleiner Wohnung zu übernachten. Sie befand sich in einem Haus, das nie ganz fertig gebaut worden war. Antonios WC war unbrauchbar, und zu meiner grenzenlosen Enttäuschung konnte man dort auch nicht duschen. Aber es gab wenigstens ein Bett, breit genug für drei.
Sie nahmen mich in die Mitte, und ich war natürlich wieder einmal sehr naiv, als ich glaubte, endlich richtig schlafen zu können. Schon nach wenigen Minuten spürte ich von links und von rechts Hände, die sich neugierig daran machten, meinen Körper zu erkunden. Da hatte ich eine Idee: Ich nahm ihre Hände und legte sie über mich hinweg auf die Haut des Nachbarn, so dass plötzlich Renato und Antonio einander mit Zärtlichkeiten beglückten. Das war ein Spass! Schliesslich entschied ich mich für Renato, drehte mich zu ihm hin und kuschelte mich eng an ihn, gab ihm zugleich aber auch deutlich zu verstehen, dass er allfällige Hoffnungen auf noch mehr Intimität gleich wieder vergessen könne. Gott sei Dank hat er das dann anstandslos respektiert, und so konnte ich in Renatos Armen tatsächlich eine Nacht herrlich schlafen.
Antonio hatte Mühe, sich damit abzufinden, dass ich ihm die kalte Schulter zugewandt hatte. Er schmollte noch den

ganzen nächsten Morgen über. Deshalb begleitete ich Renato, der ein leidenschaftlicher Fussballspieler war, zum Match – und wurde Zeugin, wie er sich heftig mit dem Schiedsrichter anlegte, handgreiflich wurde und den Platz verlassen musste.
Renato nahm mich mit nach Hause und stellte mich seiner Familie vor, den Eltern und seinen beiden Schwestern. Ein weiterer Sohn lebte schon nicht mehr im Elternhaus. Die Mutter war alles andere als begeistert, dass ihr Sohn ein sechs Jahre jüngeres Mädchen anschleppte; der Vater hingegen war sehr nett. Er hatte, als er noch jung war, in der Schweiz als Saisonnier gearbeitet und war mächtig stolz auf die paar Worte «Schwyzerdütsch», die ihm noch in Erinnerung geblieben waren.
Sie nahmen mich spontan in ihrem Haus auf. Ich durfte eine Woche bleiben und mit Renato das Zimmer teilen. Im Moment war ich vor allem überglücklich, dass ich endlich wieder einmal ausgiebig duschen und meine Kleider waschen konnte.
Renato hatte seine Ambitionen noch immer nicht aufgegeben und versuchte bei jeder Gelegenheit, meinen Widerstand zu brechen und mich zu verführen. Aber ich war einfach nicht bereit. Ein Gefühl in mir sagte, dass ich zu jung und dieser Mann noch nicht der Richtige sei.
Dennoch verstanden wir einander bestens. Manchmal begleitete ich ihn zum Einkaufen, und abends gingen wir gemeinsam in den Ausgang.
Eines Tages besuchten wir Renatos älteren Bruder, der in einem anderen Teil der Stadt wohnte. Die beiden setzten sich vor das Videogerät und zogen einen harten Pornofilm rein. Ich erinnere mich sogar noch an den Namen des Strei-

fens: «Paprika». Es war absolut widerwärtig – ich hatte noch nie zuvor so etwas gesehen. Renato und seinen Bruder hingegen törnte der Streifen an; sie waren unübersehbar erregt, und ich hatte Mühe, ihre Zudringlichkeiten abzuwehren. Dennoch hatte ich nie das Gefühl, dass Renato mich nicht respektierte. Im Gegenteil: Ich glaube, er mochte mich wirklich. Vielleicht hatte er sich sogar in mich verliebt. Dafür sprach einerseits seine rasende Eifersucht. Ich erinnere mich noch gut an die Szene, die er mir machte, weil ich mich von einem seiner Kollegen zu einer Spritzfahrt mit dem Motorrad hatte einladen lassen. Andererseits nahm ich auch seinen Besitzanspruch als Indiz für seine Verliebtheit. Renato wollte mich doch tatsächlich brandmarken! Er wollte, dass ich mir ein Herz auf die Schulter tätowieren lasse, ein Herz mit seinem Namen drin ... Und ich war drauf und dran, es zu tun!

Nach ungefähr einer Woche war die Zeit des Abschieds gekommen. Früh am Morgen bestiegen wir den Zug und fuhren wieder nach Albegna, wo wir einander zum ersten Mal begegnet waren. Er setzte mich am Bahnhof ab – und ging.

Aber ich hatte keine Lust, in die Schweiz zurückzukehren. Ich sass einfach da, auf einer Bank, meine Sporttasche neben mir, und wartete. Ich wusste nicht worauf. Ich wartete.

Die Schnellzüge rauschten an mir vorbei, die Stunden zerrannen, der Abend brach an – und ich sass immer noch auf meiner Bank. Und dann – es war bereits acht Uhr – stand er plötzlich vor mir. Renato – es war irgendwie völlig selbstverständlich. Nun wusste ich, worauf ich so lange gewartet hatte. «Dich kann man einfach nicht alleine lassen», lachte er.

Mir stand das Wasser in den Augen. Und mir fiel ein, dass noch immer ein Hundertmarkschein in der Brusttasche meiner Jeansjacke steckte. «Wir haben einen Grund zu feiern», sagte ich und wedelte mit der Geldnote. «Diesmal lade ich dich zum Nachtessen ein!»

So kam es, dass ich eine weitere Woche im Haus von Renatos Familie verbrachte.

Aber ich musste immer häufiger auch an die Menschen denken, die sich in der Schweiz möglicherweise Sorgen um mich machten. Ein paar Mal versuchte ich zu Hause anzurufen, um meiner Mutter und Marion zu sagen, dass es mir gut gehe. Ich weiss nicht, woran es lag – jedenfalls brachte ich die Verbindung einfach nicht zustande. Und liess es bleiben.

Ich lag neben Renato auf dem Bett, wir hörten auf seinem kleinen Kassettenrecorder unsere Lieblingsmusik – Eduardo Bennato – und wir wussten, dass wir es zum letzten Mal taten. Er war richtig traurig, als er mich zu der Autobahnraststätte vor Turin brachte. Es war zu Ende. Wir brauchten es gar nicht zu sagen. Irgendwie war klar, dass wir einander nie mehr wieder sehen würden.

In drei Autostopp-Etappen schaffte ich es bis nach Como an die Schweizer Grenze. Und wieder fühlte ich meine alte Einsamkeit. Ich stand irgendwo im Tessin an einer Autobahneinfahrt, morgens um drei. Ab und zu näherten sich grelle Scheinwerfer, verschwanden rote Rücklichter.

Ich war glücklich und traurig zugleich.

Glücklich, weil ich noch immer erfüllt war von den schönen, mit Sicherheit unbeschwertesten Tagen meines Lebens, und weil mir langsam klar wurde, dass ich auf meiner Reise

von einem hocheffizienten Schutzengel begleitet worden war. Mir wurde bewusst, dass ich in den letzten zweieinhalb Wochen entscheidende Lernprozesse durchgemacht hatte. Mein Selbstvertrauen war gewachsen. Ich hatte die Erfahrung gemacht, dass ein Mensch mich liebt.
Traurig, weil ich Renato vermisste. Und nicht wusste, wie es weitergehen sollte mit mir.

Endlich hielten drei junge Typen neben mir. Sie hatten einen Kollegen im Tessin in die Rekrutenschule gebracht und waren jetzt wieder auf der Heimfahrt nach Bern. Für mich machten sie einen Umweg über Winterthur und setzten mich vor der Haustür meiner Mutter ab.
An jenem Morgen erlebte ich einen der seltenen Momente, in denen die Augen meiner Mutter feucht glänzten. Sie sagte nicht viel. Aber sie griff zum Telefon und rief im Geschäft an.
«Ich komme heute nicht zur Arbeit», sagte sie mit bewegter Stimme. «Meine Tochter Nicole ist nach Hause gekommen!»

Wasser

Mein Element

Noch vier, noch drei, zwei Züge – statt des letzten Zuges strecke ich die Arme nach dem Rand des Bassins aus. Ich kann ihn nur ahnen.

Im Wettkampf steht ein Helfer am Rand und berührt mit einem an einer Stange befestigten Ball meinen Kopf. So weiss ich genau, wann ich zur Wende ansetzen oder mich auf das Ziel einzustellen habe. Aber jetzt, im Training, muss ich mich buchstäblich auf mein Fingerspitzengefühl verlassen. Manchmal täusche ich mich auch und verknackse mir wieder einmal den Finger an der Wand.

«Gut, Nicole, diesschmal war die Rollwende sschon viel besscher.»

Sanft zischt das S zwischen Flemmings Zähnen, das ist sein liebenswürdig melodischer Dänen-Akzent. «Jetzt musscht du nur noch mit den Armen ein bisschen aggresschiver durchziehen!»

Ich hänge mit den Ellbogen am Bassinrand. Die Lungen pumpen, die Arme schmerzen, aber es macht mir nichts aus. Flemming Poulsen, der Trainer des Schwimmvereins Limmat und früherer dänischer Nationalcoach, ist bekannt dafür, dass er höchst sparsam mit lobenden Worten umgeht. Wenn er aber welche findet, entschädigt das für manche Entbehrung. «Jetzt kannsscht du noch 200 Meter aussschwimmen, und dann isscht Sschlussch für heute!» Dankbar und stolz lächle ich in Flemmings Richtung und stemme mich aus dem Wasser.

Ende Oktober 1998. Seit ein paar Tagen trainiere ich mit den Spitzensportlern des renommierten Schwimmvereins Limmat. Walter Schneider, der zuvor während ein paar Wochen mein privater Schwimmlehrer war, hat bei Flemming Poulsen ein gutes Wort für mich eingelegt. Jetzt hat jeder Tag seinen Höhepunkt: Von neun bis elf Uhr morgens oder am Abend zwischen fünf und sieben ziehe ich im Hallenbad Oerlikon meine Bahnen. Wenn ich das durchhalten könne, meint Poulsen, sähe er durchaus eine realistische Chance, dass ich mich für die Paralympics 2000 in Sydney qualifiziere. Er lässt mich als einzige Behinderte unter einem runden Dutzend sehender Sportler trainieren. Und er versteht es wie kein anderer, mich zu motivieren und meinen Ehrgeiz anzustacheln.

Das Wasser war schon immer mein Element. Aber seit ich blind bin, ist es für mich wichtiger denn je. Im Wasser brauche ich keine Augen – zumindest vermisse ich sie weniger schmerzlich als im täglichen Leben. Das Wasser ist Herausforderung, Sicherheit und Geborgenheit. Aber auch Einsamkeit.

Die anderen Schwimmerinnen und Schwimmer im Verein sind deutlich jünger als ich. Wenn ich die verhasste Sonnenbrille, hinter der ich die leeren Höhlen verberge, gegen die schwarze Schwimmbrille eintausche, unterscheide ich mich, rein äusserlich, kaum von ihnen. Und trotzdem mache ich mir nichts vor: Ich gehöre nicht wirklich dazu. Die meisten scheuen sich, mich anzusprechen. Sie haben Mühe, zu verstehen, was mit mir los ist – wie sollten sie auch ... Gelegentlich ein kleiner Schwatz, ein aufmunterndes Wort, eine anerkennende Bemerkung. Mehr nicht.

Sie haben mich zwar akzeptiert und in ihren Reihen aufgenommen, aber ich muss mich damit abfinden, dass ich nie dazugehören und immer die Aussenseiterin bleiben werde. Meistens bin ich schon lange vor ihnen im Wasser, damit ich mich ungestört warm schwimmen kann. Wenn ich Glück habe und keine Sonntagsschwimmer unterwegs sind, gehört die Bahn am Anfang mir ganz allein. Aber sobald die anderen auch trainieren, muss ich sie teilen und mich an die Leine quetschen, wenn die Sehenden an mir vorbeiziehen. Zum Duschen und Umziehen stellt mir der Club Intersport exklusiv seine Sauna zur Verfügung.

Natürlich fühle ich mich ausgeschlossen. Natürlich fühle ich mich einsam.
Natürlich bin ich selber schuld.

Manchmal denke ich an den Turnverein, an meine Jugendriege. Es war eine schöne Zeit, mit wirklich guten Kollegen. Habe ich zumindest geglaubt. Fünfzehn Wochen sind vergangen, seit wir zuletzt fröhlich beieinander sassen.
In einer anderen Zeit. In einer anderen Welt.
Von meinen lieben Kolleginnen und Kollegen habe ich seither – abgesehen von zwei, drei, die mich im Spital besuchten – nichts mehr gehört. Kein Sterbenswort, kein Anruf, gar nichts. So kann man sich in den Menschen täuschen.
Auch die Kollegen und Kolleginnen von der Bank, die Schulkameraden vom KV – es ist genau dasselbe Lied: Ausser Melanie, sie ist die Einzige, die zu mir hält und mich besucht oder zwischendurch anruft, um sich zu erkundigen, wie es mir geht. Dabei habe ich sie erst einen Monat bevor das Licht ausging kennen gelernt.

Alle anderen – Sendepause! Und ich frage mich wirklich, woran es liegt. Okay, ich habe mich nicht immer so verhalten, wie man es von einer KV-Lehrtochter erwartet. Ich habe häufig die Schule geschwänzt und bin dann prompt durch die Prüfung gerasselt, und fast ein halbes Jahr lang bin ich ohne Führerschein herumgefahren ...
Aber das sind doch alles keine Gründe, mich jetzt hängen zu lassen!

Nein, ich will mich nicht beklagen. Ich will froh und dankbar sein, dass ich schwimmen darf. Schwimmen – das ist jetzt mein Leben.
Ich wünschte mir, dass die Energie, die mich in den ersten Tagen und Wochen so beflügelt hat, auch anhalten würde. Aber die Freude am Schwimmen wird leider oft genug durch die eigene Ungeduld vermiest. Ich brauche den schnellen Erfolg, und wenn der ausbleibt, ist es bald auch um meine Motivation geschehen. Oft bin ich einfach nur unendlich müde, bleibe im Bett liegen und sehe auch im Schwimmen keinen Sinn mehr. Und so, wie ich früher dauernd die Schule geschwänzt habe, verpasse ich dann ein Training nach dem anderen. Wenn ich nicht rasch irgendeinen neuen Ansporn finde, kann ich bald einmal meine Hoffnungen auf Sydney begraben.
Kommt hinzu, dass behinderte Sportler kaum das Glück haben, einen Sponsor zu finden. Oft weiss ich nicht, woher ich die 700 Franken nehmen soll, die mich das tägliche Taxi zum Hallenbad jeden Monat kostet.
Während ich mir die Haare trockne, nimmt Flemming mich zur Seite. «Du musscht deine Musschkeln aufbauen; essch wäre sscher wichtig, dassch du neben dem Schwimmen

noch ein Krafttraining machsscht, sschwei, drei Sschtunden in der Woche ...»

Am nächsten Tag suche ich eines dieser Trainingszentren auf und lasse mir die Geräte erklären. Dabei wird mir schnell klar, dass ich ohne fremde Hilfe keine Chance habe. Da müssen Gewichte eingestellt, die Haltung muss kontrolliert werden – ich brauche jemanden, der mich begleitet.

Aber wie finden? Radio 24, fällt mir ein, die haben immer am Freitag die Sendung «Eins und eins», da kann man anrufen und Partner für alle möglichen Gelegenheiten suchen. Gleich am nächsten Freitag werde ich es versuchen ...

Männer

Augen zu und durch

Zwei Monate nach meinem 16. Geburtstag begann ich meinen Körper an fremde Männer zu vermieten. Und ahnte nicht, dass damit meine Seele schon verkauft war.
Ich wohnte damals noch bei der Pflegefamilie S. in Dachsen und war chronisch knapp bei Kasse.
25 Franken Sackgeld pro Woche – das war alles, worüber ich verfügen konnte. Natürlich kam ich damit hinten und vorne nicht zurecht. Zumal ich ständig getrieben war von einem unstillbaren Verlangen nach schönen Dingen: Kleider, Möbel, Schuhe – egal, Hauptsache, sie gefielen mir. Wenn mir etwas besonders Schönes ins Auge stach, musste ich es einfach haben. Ja, ich habe sehr viel Wert auf eine schöne Oberfläche gelegt. Meine ästhetischen Ansprüche waren hoch. Und teuer.
Ich wusste noch sehr gut, wie erniedrigend es ist, unter dem Stigma der Armut leben zu müssen. Tief in mir sass die Angst, dass es mir ebenso wie meiner Mutter ergehen könnte. Deshalb gefiel mir auch die Vorstellung nicht, mir für ein paar Franken in der Stunde an der Kasse irgendeines Supermarktes die Finger wund zu tippen.
Aber ich war überzeugt, dass ich nur mit Geld etwas gelte. Ich musste Geld verdienen. So viel wie möglich, so schnell wie möglich.

«Junge Frau sucht Nebenbeschäftigung. Bitte nur seriöse Angebote.»

Der Text in der überregionalen Inserate-Zeitung «Fundgrube» war bewusst kurz und vage gehalten. Es folgten einige Angebote; doch die meisten waren für mich nicht besonders lukrativ: Ich hätte als Putzfrau nach Bern fahren, in Zürich Kinder hüten oder in Luzern einen Hund ausführen können ...

Ein anderer Brief machte mich allerdings neugierig – vielleicht, weil der Inhalt ähnlich unverbindlich daherkam wie mein Inserat: Der Mann – nennen wir ihn Armin – bat schlicht um einen Rückruf.

Armins Stimme tönte angenehm, wenn auch unverhohlen lüstern. Er kam sofort zur Sache, und die war alles andere als seriös ...

«Kennst du dich mit Telefonsex aus?»

«Logisch», log ich. Ich hatte immerhin schon mal gehört, dass es Männer gibt, die sich für Geld fernmündlich aufgeilen lassen.

«Und?» Sein Atem ging schon schwerer. «Glaubst du, dass du es mir am Telefon besorgen kannst?»

Ich zögerte. Mit Sexualität konnte ich nur unangenehme Erinnerungen verbinden.

«50 Franken, wenn du es mir zeigst ...»

Immerhin konnte er mir am Telefon nichts zuleide tun. Und ich hatte die Aussicht, in wenigen Minuten so viel Geld zu verdienen, wie ich sonst in zwei Wochen als Taschengeld bekam.

«Also gut!»

Bäuchlings lag ich auf dem Teppich, malte Strichmännchen auf ein Papier und stöhnte dabei so realistisch in die Telefonmuschel, dass ich mich selbst über mein schauspielerisches Talent wunderte.

«Komm, sag mir, wie du es dir selber machst!»
Es ekelte mich an. Doch ich gab mir Mühe, so etwas wie Erregung vorzutäuschen.
«Ja, das machst du gut», sagte er.
«Und jetzt zeig ich's dir!»
Ich verzichte auf die Einzelheiten eines Dialogs, der in mir höchst widersprüchliche Gefühle weckte: Ich musste gegen den Brechreiz ankämpfen und gleichzeitig einen Lachanfall unterdrücken. Die Situation war ebenso widerlich wie lächerlich.
Allmählich ging das Schnaufen in meinem Ohr in heftiges Hecheln über. Armin hatte sich – unüberhörbar grunzend und viel rascher als ich dachte – Erleichterung verschafft.
Immerhin hielt er Wort: Wenige Tage später lag ein Couvert in meinem Briefkasten. Mit einer 50er-Note. Und einer kurzen Notiz: «Ich werde wieder anrufen.»

Beim zweiten Mal ging es noch schneller; ich wusste ja inzwischen, was er gerne hören wollte und wie ich es sagen musste. Er war schon nach einer Minute fertig.
Beim dritten Mal ging Armin einen Schritt weiter. «Ich habe dir ja schon gesagt, dass ich leidenschaftlich gerne fotografiere», sagte er. «Ich möchte dich fotografieren!»
«Kommt überhaupt nicht in Frage», wehrte ich ab. «Ich bin erst 16!»
«Na und? Es sind sehr ästhetische Aufnahmen, harmlose Aktfotos. Sie werden dir gefallen!»
«Nein, wirklich nicht; ich hab' sowas noch nie gemacht!»
«Ich zahle gut!»
«Nein.»
«300 Franken!»

Ich weiss nicht, welcher Teufel mich geritten hat, als ich mich «Okay!» sagen hörte. Die drei Hunderter waren ein überzeugendes Argument, und der Umstand, dass meine Pflegeeltern in jener Woche gerade in den Skiferien weilten, hatte mich wohl kühn werden lassen: Die Bude war sturmfrei, niemand da, der peinliche Fragen stellten konnte.
«Okay», sagte ich. «Aber ich stelle die Bedingungen!»
«Kein Problem, schiess los!»
«Freitag, um drei Uhr. Bahnhof Dachsen.» Die erste Begegnung sollte auf neutralem Boden stattfinden.
An sein Auto kann ich mich nicht mehr erinnern, eine durchschnittliche Familienkutsche halt; sie stand an jenem kalten Februarnachmittag auf einem Parkplatz hinter dem kleinen Stationshäuschen.
Ich hatte mir keinen jungen Adonis vorgestellt, und das war er auch nicht. Vom Alter her hätte Armin mein Vater sein können. Typ Beamter, höheres Kader, gross, schlank und, immerhin, nicht allzu hässlich. Die Haare grau, der Kurzbart weiss und weich.
Auf dem Rücksitz ein Plastiksack. «Da ist die Kamera drin», sagte er mit linkischem Grinsen. «Und eine, nein, drei kleine Überraschungen für dich!» Er strahlte eine Geilheit aus, die mich frösteln liess.
«Aber zuerst müssen wir noch Filme kaufen, zwei 36er – mindestens!» Wieder dieses anzügliche Lächeln. Und der gierige Blick, so lüstern, dass mir übel wurde.
Unterwegs redeten wir nicht viel. Smalltalk. «Ich habe auch Kinder, zwei Söhne, die sind sogar älter als du!»
Wusst ich's doch! «Wohl ein kleiner Kinderschänder, hä!» Ich versuchte zu lachen, aber es blieb mir im Halse stecken. Ein blöder Witz, wir fanden ihn beide nicht lustig.

Inzwischen waren wir in Neuhausen angekommen, wo Armin die Migros-Filiale ansteuerte, um seine Filme zu kaufen.
«Und jetzt?», fragte ich, als er zurückkam. «Wohin gehen wir?»
«Ich dachte, du kennst hier ein nettes Hotel ...»
«Keine Ahnung.»
«Aber du bist doch aus der Gegend!»
«Eben! Wieso sollte ich mich dann bei den Hotels auskennen?»
Es widerstrebte mir zwar, das Geschäft mit einem fremden Mann in meiner privaten Umgebung abzuwickeln; doch dann dachte ich an die drei Hunderter und meine sturmfreie Bude.
«Also gut», gab ich nach, «dann gehen wir halt zu mir.»

Ich führte ihn in mein Zimmer. Armin setzte sich aufs Bett und kramte umständlich und geheimnisvoll in seinem Plastiksack herum. Mit nervösen Fingern legte er einen Film in die Kamera und Batterien in die drei Dinger ein, die er mitgebracht hatte. Zum ersten Mal sah ich so etwas: Spielzeuge für einsame Damen. Ich traute meinen Augen nicht: Sie waren monströs, mit der naturgetreu imitierten Äderung wirkten sie furchtbar vulgär. Was mochte der Typ damit wohl im Sinn haben? Ich bekam es mit der Angst zu tun. Aber ich liess mir nichts anmerken.
Armin wollte, dass ich mich ausziehe. «Ganz langsam», sagte er und stellte die Schärfe ein. «Alles ausziehen!»
Ich knöpfte mein Hemd auf, schälte mich aus den Bluejeans. Er fummelte an seinem Gerät herum. Irgendwann hatte ich gar nichts mehr an. «So», sagte ich. «Jetzt ist aber fertig.»
«Nein, warte noch.» Er nahm einen der Vibratoren, legte ihn mir in die Hand. «Spiel damit!»

«Du spinnst wohl!» Meine Wut vermischte sich mit Scham, am liebsten hätte ich losgeheult. «Das ist widerlich; das mache ich ganz gewiss nicht!» Ich legte so viel Empörung und Bestimmtheit in meine Stimme, dass er nachgab. «Dann lass mich wenigstens Bilder machen!» Widerstrebend öffnete ich mich dem kalten Auge seiner Kamera. Er drängte sich ganz nah ran und knipste und knipste. «Ja, Baby, komm», keuchte er immer wieder, «du bringst es!» Das aufgeregte Gestammel sollte mich wohl antörnen, doch das Gegenteil war der Fall. Mir wurde speiübel; ich fühlte mich ausgeliefert. Hilflos. Verletzlich. Und verletzt. Nackt wie ein gehäutetes Tier.

Und ich hatte Angst.

Es war nicht nur der Mann, vor dem ich mich fürchtete. Es war seine rücksichtslos neugierige Kamera. «Eines Tages», warnte mich eine innere Stimme, «werden dir diese Bilder zum Verhängnis!»

Armin war inzwischen mehr mit seiner Libido beschäftigt als mit der Kamera; er konnte sich nur noch mit Mühe zurückhalten. «Jetzt hab dich nicht so», bettelte er. «Ich tu dir ja gar nichts.»

Er wollte offensichtlich mehr.

«Vergiss es!» Ich war fest entschlossen, seinem Drängen nicht nachzugeben. «Du weisst, was wir abgemacht haben: Nur Fotos!»

«Am Geld soll's nicht liegen!» Er glaubte wohl, damit meinen wunden Punkt gefunden zu haben. «Ich gebe dir siebenhundert!» Ich dachte an meine Unberührtheit. Unter diesen Umständen wollte ich sie nicht opfern – nicht verkaufen. Ich schüttelte den Kopf

«Achthundert.»

«Ich tu's auch nicht für tausend!», sagte ich.
Wir einigten uns darauf, dass ich für vierhundert Franken mit der Hand nachhelfe, bis seine Not ein Ende hatte.
Er gab mir sogar noch einen Blauen obendrauf. Und ging endlich.

Da sass ich nun mit fünf Hundertern in der Hand.
Ich fühlte mich hundeelend.
Am liebsten wär's mir gewesen, wenn ich alles hätte rückgängig machen und das Geld gegen diese scheusslichen Fotos eintauschen können. Ich rief Armin an.
«Du musst mir die Bilder zurückgeben – mit den Negativen!»
«Ich denke nicht daran; ich habe dafür bezahlt!»
«Sei so gut, gib mir die Bilder!»
«Also meinetwegen, ich schicke sie dir!»

Armin schickte keine Bilder, und ich mochte mir gar nicht ausmalen, bei wem er sie herumzeigen und was er sonst noch alles damit anstellen könnte. Meine Angst wurde so gross, dass ich sie vor meinen Pflegeeltern nicht mehr verbergen konnte.
«Kind, was ist bloss los mit dir?» Meiner Pflegemutter war aufgefallen, dass ich kaum noch ein Wort sagte und furchtbar niedergeschlagen wirkte. «Du hast doch was ...»
Da konnte ich es nicht mehr länger in mich hineinfressen: Ich beichtete ihnen die ganze Geschichte.
«Hier in unserem Haus? In deinem Zimmer, auf deinem Bett?» Der Schock sass tief. Für meine Pflegeeltern brach eine Welt zusammen; ich hatte ihr Vertrauen missbraucht. «Da lässt man dich einmal allein zu Hause», klagte Herr S., «und was macht unser sauberes Pflegetöchterchen? Es gibt sich für Sexfotos

her!» Es wäre ihnen lieber gewesen, wenn ich während ihrer Abwesenheit eine wilde Party geschmissen hätte.
Weil ich mein 16. Altersjahr noch nicht vollendet hatte, setzten sie meinen amtlichen Beistand in Kenntnis. Der drohte Armin mit strafrechtlichen Konsequenzen. Und er werde seinen Arbeitgeber orientieren, wenn er diese Fotos nicht unverzüglich herausrückte.
Das wirkte. Drei Wochen nach dem «Fototermin» lag Post für mich im Briefkasten: Ein Couvert von Armin. Der Aufdruck auf der Papiertasche, in der rund 50 Fotos und die Negative steckten, machte deutlich, dass Armin sie bei der Migros hatte entwickeln lassen ... Dabei hatte er mir doch hoch und heilig versichert, dass er äusserst diskret mit dem Bildmaterial umgehen wolle.
Aber er hatte ja auch beteuert, er werde seriöse, ästhetische Fotos machen. Die Bilder dokumentierten das genaue Gegenteil ...
Ich war entsetzt.
Niemand sollte diese schmuddeligen Fotos je zu sehen bekommen. Deshalb entfachte ich im Cheminée ein Feuer und verbrannte das Couvert mit allen Fotos und den Negativen. Die Bluejeans und die CDs, die ich mit Armins Geld erworben hatte, warf ich hinterher.
Aber restlos beruhigt war und blieb ich trotz der Vernichtungsaktion nicht. Ich konnte mich ja nicht darauf verlassen, dass Armin keine weiteren Kopien zurückbehalten hat.

Zwei Jahre später verliess ich das Haus meiner Pflegeeltern in Dachsen und zog nach Winterthur. Ich hatte im «Planet Maxx» einen Typen kennen gelernt, der gerade die Unteroffiziersschule absolvierte und während der Woche nie zu

Hause war. Er stellte mir für rund eineinhalb Monate seine Wohnung zur Verfügung.
Da hatte ich sie plötzlich, die ersehnte Freiheit, konnte aber nicht damit umgehen. Rasch und deutlich liessen meine Leistungen in der Schule nach und die finanziellen Probleme wuchsen mir über den Kopf.
Abends ging ich häufig aus. Ich hatte mich äusserlich verändert, war eine attraktive, junge Frau geworden, und ich hatte das Bedürfnis, mich modisch zu kleiden. Das ging natürlich ins Geld. Meine exklusiven Ansprüche und mein aufwändiger Lebenswandel vertrugen sich denkbar schlecht mit meinem bescheidenen Lehrlingslohn.
Zunächst schummelte ich mich mit dem Krankenkassentrick über die Runden. Der war – dank des umständlichen Zahlungsverfahrens im sozialen Versicherungswesen – denkbar einfach: Immer häufiger ging ich zum Arzt; mal klagte ich über rätselhafte Kopfschmerzen, mal plagte mich ein böses Stechen im Bauch.
Die Herren Doktoren untersuchten und überwachten, palpierten und analysierten, legten schliesslich besorgt die Stirn in Falten, verschrieben Pillen und Salben und schickten saftige Rechnungen hinterher, welche ich postwendend an die Krankenkasse weiterleitete. Dann brauchte ich nur noch auf die Überweisung oder den Scheck zu warten. Und schon konnte ich mich wieder mit etwas Schönem verwöhnen!
Auf die Dauer konnte das natürlich nicht gut gehen. Der Arztrechnung folgte die erste und die zweite Mahnung, schliesslich kam die Betreibungsandrohung.
Ich musste mir etwas Besseres einfallen lassen. Und ich erinnerte mich an Armins zwar unwürdig, aber doch leicht verdientes Geld.

Es ging mir nicht nur um das Geld. Schon als Kind hatte ich im Heim W. die Erfahrung gemacht, dass ich, wenn ich mich willig und gefügig verhielt, neben einem schönen Batzen auch die Zuneigung eines Menschen erwerben konnte.

In meiner Erinnerung verdrängte ich den Ekel, den ich mit dem Gedanken an Armin verband, und gab erneut ein Chiffre-Inserat in der «Fundgrube» auf. Diesmal bot ich unter der Rubrik «Erotik» grosszügigen Männern meine Liebesdienste an.

Dann hielt ich zwei Garnituren Bettwäsche bereit, die eine war für mich selbst bestimmt, die andere für die Kundschaft. «Augen zu und durch!», sagte ich mir in Erwartung dessen, was nun kommen würde.

Die Angebote, die ich bald darauf von biederen Familienvätern, verklemmten Duckmäusern und stinkreichen Top-Managern erhielt, waren ebenso eindeutig wie vielfältig. Einer wollte mich als verführerische Stimme für eine 157er-Sex-Telefonnummer engagieren, was sich als höchst peinliche Lach-Nummer erwies, andere versuchten, allerdings ohne Erfolg, mich für ziemlich dubiose Begleit-Agenturen anzuwerben.

Wieder andere wollten mich gewissermassen «abonnieren»: So offerierte mir der Besitzer eines führenden Unternehmens im Publizistik-Bereich ein Darlehen von 12 000 Franken, das ich abverdienen sollte, indem ich ihm regelmässig zur Verfügung stand, beziehungsweise lag.

Die meisten wollten allerdings immer nur das Eine: den Körper einer Frau. Wobei sie wesentlich mehr am Körper interessiert waren als an der Frau. Wie hatte ich nur glauben können, dass die Männer mir nebst dem Geld vielleicht auch ein bisschen Zuneigung geben würden.

Einer machte eine Ausnahme. Als ich ihn sah, war mir rasch klar, weshalb er sich gemeldet hatte: Markus H. war ein ausgesprochen lieber und gutmütiger, aber ziemlich rundlicher Typ, dessen Erscheinung mich fatal an einen Hamster erinnerte, alles andere als ein Mann, auf den die Frauen fliegen. Ihm ging es nicht nur um meinen Körper, er hatte auch Gefallen an meiner Person gefunden. «Hättest du nicht Lust», fragte er mich, «mit mir ein Wochenende in meinem Ferienhaus zu verbringen?»
Ich wusste nicht recht, so sympathisch er mir war, als Kollege oder gar Freund im privaten Rahmen kam er einfach nicht in Frage.
«Ich würde dafür auch bezahlen.» Er hatte mein Zögern richtig gedeutet, und ich willigte schliesslich ein.
Als ich mich in seiner Ferienwohnung, irgendwo im Berner Oberland, umsah, stachen mir sofort die Fachzeitschriften ins Auge, die überall herumlagen: Ganz offensichtlich war Markus ein Waffennarr. «Ich bin ein begeisterter Sportschütze. Willst du meine Sammlung sehen?» Lieber Waffen als Briefmarken, dachte ich und stimmte zu.

Rund zwei Jahre später sollte ich eine seiner vielen Pistolen selbst in die Hand nehmen. Und damit schiessen.

Die Medien

Wie ein Wanderpokal

Eigentlich wollte ich ja einen Partner fürs Krafttraining suchen. Gefunden habe ich Marco, meinen Freund.
Und Dani, der seither «mein Journi» ist.
Er ist der Erste, der mich und meine Geschichte zu einem öffentlichen Thema gemacht hat. Seine Reportage lässt eine ganze Reihe weiterer Journalisten auf mich aufmerksam werden. Es sind vor allem Fernsehleute, die mein «tragisches Schicksal» in 5-Minuten-Film-Beiträgen zusammenfassen oder mich als Studiogast in Talk-Shows vorführen wollen.
Zunächst zögere ich. Soll ich mich wirklich so exponieren? Doch ich denke, dass auch andere Menschen mit ähnlichen Problemen kämpfen, und nur noch im Freitod einen Ausweg sehen. Wenn es mir gelingt, mit meinem Beispiel auch nur einen davon abzuhalten, dann würde es sich gelohnt haben.
Der Gedanke überzeugt mich. Ich sage zu: bei drei TV-Stationen, fünf verschiedenen Sendegefässen, und das alles innert weniger Monate. Im Winter 98/99 wird die «blinde Schwimmerin» wie ein Wanderpokal von einem Fernsehstudio zum nächsten gereicht. Plötzlich bin ich eine öffentliche Person.
Zunächst einmal finde ich es natürlich enorm spannend, all diese Reporter kennen zu lernen. Ich bin noch nie ein besonders grosses Erzähltalent gewesen, aber jetzt mache ich die Erfahrung, dass es mir Spass macht, Interviews zu geben und auf gezielte Fragen einzugehen.

Der moderierende TV-Arzt Samuel Stutz lädt mich zu seiner «Gesundheit Sprechstunde» ins Schweizer Fernsehen ein. In der Sendung geht es unter anderem auch um Suizidalität im Zusammenhang mit Depressivität. Der Herr Doktor Stutz geht also auch davon aus (wie so viele andere), dass ich unter Depressionen leide.

Ich bin zweifellos lebensmüde, ich fühle mich einsam und ungeliebt, launisch bin ich sicher auch und alles andere als eine ausgeglichene Persönlichkeit. Thomas Steiner, mein Psychotherapeut, meldet sich dazu als Experte im Publikum ausführlich zu Wort. Er findet, ich leide an einer Borderline-Störung. Meinetwegen mag auch das auf mich zutreffen, aber depressiv? Nein, depressiv bin ich ganz sicher nicht.

Doch wie soll ich das in kurzen Worten allgemein verständlich vor laufender Kamera auslegen? Soll ich etwa sagen, dass ich das Produkt meiner Biografie bin? Es wird mir bewusst, dass es gar nicht möglich ist, im Rahmen eines Studiogespräches ein so komplexes Problem wie den Zustand meiner Seele begreifbar zu machen. Das Fernsehen hat seine Grenzen unmittelbar unter der Oberfläche; Tiefgründiges kann ein so flüchtiges Medium kaum vermitteln.

Und so mache ich gute Miene zum Fernseh-Spiel und versuche, die Fragen des Sämi Stutz so plausibel wie möglich und so unverbindlich wie nötig zu beantworten. Er wirkt sympathisch, aber leicht unterkühlt. Das Thema der Sendung, mit dem ich eigentlich kaum etwas zu tun habe, interessiert ihn mehr als mein eigentliches Problem. Trotzdem verstehe ich nicht ganz, weshalb kürzlich «Ventilator» Frank Baumann so hämisch über diesen überaus netten und überkorrekten Sämi Stutz herfiel. Vielleicht hätte der Doktor sich mehr zurückhalten sollen, als er in allen möglichen Medien hinausposaunte, er werde mit seiner Frau versuchen, ein «Millenium-Baby» zu zeugen ...

Das ist es, was ich mit Oberflächlichkeit meine.

Einfühlsam, zugleich aber auch ziemlich effekthascherisch, gestaltet Stephan Honegger, ein Reporter des Regionalfernsehens «Tele M 1», seinen dramatischen Magazin-Beitrag über mich.

Etwa zur selben Zeit, im Februar 1999, strahlt der Privatsender «Tele 24» ein Kurzporträt über mich aus. Im Rahmen der Life-Style-Sendung «Inside» bettet Moderatorin Anna Meier meine Geschichte in ihre Plauderstunde mit der Jetset-Millionärin Vera Dillier ein. Dennoch gelingt es Annouk Heimoff, der Autorin des Film-Porträts, in wenigen Minuten meine Vielschichtigkeit treffend aufzuzeigen.

Beide, Honegger und Heimoff, gehen zumindest ansatzweise auf die Hintergründe ein, auf die Weichen, die schon in meiner Kindheit gestellt worden sind.

Als Tele 24 zum zweiten Mal anruft, diesmal werde ich als Gast in der Sendung «TalkTäglich» antreten, wage ich mich zum ersten Mal ohne meine schwarze Sonnenbrille vor die Kamera. Denn ich habe endlich meine neuen Augen bekommen! Es sind Kunststoffscheiben, die ich mir unter die Augenlider klemme. Sie versinken tief in den leeren Höhlen und wirken deshalb, so habe ich mir sagen lassen, immer noch sehr unnatürlich.

Wer hat schon die Gelegenheit, die Farbe seiner Augen auszusuchen! Ich habe mir ein Paar himmelblaue ausgewählt, so wie ich sie immer gern gehabt hätte, nicht mehr smaragdgrün, wie meine lebendigen Augen waren.

Von allen TV-Journalisten, die ich in dieser Zeit kennen lerne, ist Hugo Bigi der einfühlsamste. Ich bin froh, dass er

mir im «TalkTäglich»-Studio gegenübersitzt, und nicht sein Chef Roger Schawinski. Bei Bigi habe ich zum ersten Mal das Gefühl, dass sich hier einer echt für mich interessiert. Und diese Sendung weckt offensichtlich auch beim Publikum am meisten Interesse für meine Person. Stapelweise liegen in den nächsten Tagen Briefe von Zuschauern in meinem Briefkasten. Briefe von Männern, die mich kennen lernen wollen, mit einigen werde ich mich auch tatsächlich treffen, Briefe von mitfühlenden Menschen, die mir ihre Betroffenheit zum Ausdruck bringen. Ungefähr jeder dritte Brief stammt aus der Feder von religiösen Eiferern, die in meinem Schicksal ein Zeichen des Allmächtigen erkennen und mich auf den rechten Weg führen wollen. So gut sie gemeint sein mögen: Mit derlei Ratschlägen kann ich herzlich wenig anfangen, ich möchte den Weg zum Himmlischen Vater oder wohin auch immer selbst wählen.
Praktisch alle meinen es ja von Herzen gut. Ich verstehe bloss nicht, was sich all diese Schreiber denken, wenn sie beschliessen, einer blinden Frau seitenlange Briefe zu schicken ...

Meine «Tour de TV» endet vorerst dort, wo sie begonnen hat: Im Studio 3 des Schweizer Fernsehens DRS. Diesmal heisst der Gastgeber Röbi Koller; er macht das Los der Hinterbliebenen von Selbstmördern zu einem Schwerpunkt seiner Sendung «Quer live». Ich nehme ihm gegenüber Platz, neben zwei Frauen, die eine hat ihre Tochter, die andere ihren Mann durch Selbstmord verloren. Und jetzt beklagen sie die Schuldgefühle, die ihnen dauernd zugemutet werden.
Im Studiopublikum erklärt meine Schwester Marion, sie lebe andauernd mit der Angst, dass ich es wieder tun würde.

Zum Glück habe sie viele Freunde, bei denen sie Halt finden und Kraft schöpfen könne.
Das ist es ja, liebe Marion: Ich habe fast keine Freunde; es gibt kaum jemanden, der diese Bezeichnung verdient hätte und durch dick und dünn zu mir halten würde. Auf die Frage des Moderators, was mich von einem weiteren Suizidversuch abhalte, sage ich: «Gute Freunde.»
«Lassen Sie sich psychotherapeutisch behandeln?», will Röbi Koller wissen. «Ja», antworte ich. «Wenn ich diesem Therapeuten früher begegnet wäre, hätte ich vielleicht meine Augen noch!»
Aber ein Psychotherapeut ist kein Freund. Thomas Steiner, dessen Sitzungen ich weniger häufig verpasse als das Schwimmtraining, sitzt diesmal nicht im Publikum.
Röbi Koller, der gern als Publikumsliebling bezeichnet wird, ist korrekt und professionell. Die warme Herzlichkeit, die er bis in die Stuben seiner Zuschauer übertragen kann, ist im Studio kaum noch spürbar. Dafür begegnen mir die Leute seines Teams mit ausgesprochener Freundlichkeit. Der Begrüssungsapéro zum Beispiel, der vor der Sendung offeriert wird, macht die Wertschätzung deutlich, die ein Studiogast oder der Besucher im Publikum hier erfährt. Überhaupt fällt mir auf, wie ruhig und routiniert diese Fernsehprofis arbeiten, ein Kontrast zur Hektik bei den kommerziellen Sendern. Mir fällt auf, dass ich vor den einzelnen Sendungen praktisch kein Lampenfieber habe. Das liegt weniger an der Routine, die sich allmählich einstellt, sondern es liegt am Umstand, dass ich nichts mehr sehen kann. Bei den beiden «Züri-Date»-Sendungen hatte ich meine Augen noch, und ich war so aufgeregt, dass ich mich beim Reden verhaspelte. Jetzt, wo ich keine Kameras mehr sehen und die Leute, die

mich im Studio anstarren, nur noch hören kann, bleibe ich viel gelassener.
Eines haben alle Journalisten und Moderatoren, die ich in kurzer Zeit kennen lerne, gemeinsam: Sie geben sich zwar redlich Mühe, mein Problem zu verstehen, und sie realisieren alle solide, zum Teil sehr einfühlsame Berichte und Gespräche. Aber sie sind nur hinter ihrem Thema her: Depression, Suizid, oder unter welchem Begriff auch immer ihre Story läuft. Für den Menschen Nicole Deck interessiert sich keiner. Wenn die Story geschrieben oder der Beitrag gesendet ist, kommt es keinem in den Sinn, wieder mal anzurufen und zu fragen: «Wie geht es dir?»
Kein einziger Journi, ausser einem natürlich!, interessiert sich wirklich für mich.
Ich bin doch keine Politikerin, die man zu ihrer Wahlkampfstrategie befragen und dann wieder abhaken kann.
Ich möchte nicht vergessen werden.

Züri-Date

Pattys Partner-Party

«Wie hast du reagiert», fragte die Fernsehmoderatorin vor laufender Kamera, «als du erfuhrst, dass deine Schwester dich für die Show angemeldet hat?»

«Ich habe gelacht», antwortete ich. «Das ist typisch für Marion, nur sie kann so etwas aushecken!»

An jenem Samstag im April 1998 war das Verkupplungs-Spiel «Züri-Date» auf dem Kanal des Zürcher Lokalsenders «Tele Züri» in vollem Gang. Ich hatte zum Abschluss der Show meinen Auftritt als Single-Frau.

Patricia Boser, die alle nur «Patty» nennen, stellte mich in ihrer Anmoderation als «typischen Fall für Züri-Date» vor, weil «Nicole vor lauter Hobbies nicht einmal die Zeit findet, sich selbst als Kandidatin anzumelden, geschweige denn einen Mann kennen zu lernen».

«Das ist leider so», klagte ich. «Du bist nicht mehr so motiviert, abends in der Disco rumzuhängen, wenn du in drei Vereinen engagiert bist» – zum Glück musste ich sie nicht alle aufzählen, den Turnverein, den Gemeindeverein und die Jugendarbeit Weinland. «Aber die attraktivsten Männer in den Vereinen sind halt alle verheiratet!»

Damit erntete ich schon den ersten Lacherfolg beim Studiopublikum, und keiner wusste, ausser Marion, dass ich meine eigene kleine Show in der Show abzog.

Meine Schwester hatte mich nämlich gar nicht angemeldet. Die Idee war auf meinem Mist gewachsen, und den Brief verfasste ich und unterzeichnete mit ihrem Namen. Ich war überzeugt, dass es sich für eine Show-Kandidatin nicht schlecht macht, gewissermassen schwesterlich empfohlen zu werden.

Heute weiss ich allerdings nicht mehr so genau, was ich mir dabei gedacht habe. Denn einerseits ist diese Sendung, obwohl sie auch bei mir regelmässig läuft, ziemlich bescheuert. Andererseits glaubte ich nicht wirklich, dass ich über eine TV-Show finden würde, was ich so sehr vermisste – nämlich Wärme und Geborgenheit. Trotzdem hatte mich irgendwie der Hafer gestochen.

Und als dann das Telefon läutete – «Sandra Hager vom Züri-Date, Tele-Züri. Salü Nicole!» –, gab ich mich völlig überrascht. «Ja, da staunst du», sagte die Fernsehfrau, die für Patty Boser die Kandidatenauswahl und den ganzen redaktionellen Kram erledigt. «Deine Schwester hat dich angemeldet!»

«Okay», sagte ich, nachdem ich ein paar Sekunden lang gekonnt um Fassung gerungen hatte. «Ich mache mit. Aber nur als Single-Frau!»

Ich wusste ja schon, wie der Hase läuft: Zwei Jahre zuvor war ich bereits einmal als Kandidatin in der Sendung aufgetreten – ich war eine der drei Frauen, von denen sich der Single-Mann seine Partnerin aussuchen durfte. Dieser hatte mich damals auch tatsächlich auserkoren. Doch mehr als eine kleine Affäre, die nach ein paar Tagen im Sand verlief, ist daraus nicht geworden.

Diesmal wollte ich also das Risiko vermeiden, von einem Single-Mann verschmäht zu werden. Ich wollte selbst meine Wahl aus dem Kandidaten-Kleeblatt treffen. «Ich weiss nicht, ob das möglich ist», sagte Sandra Hager. «Du wirst von uns hören.»

Ein paar Wochen später war Patty höchstpersönlich am Telefon: «Du kannst als Single-Frau kommen, am nächsten Samstag.»
Ich kombinierte zu dunkelblauen Stoffhosen einen eleganten Blazer im selben Farbton, darunter ein freizügiges, hellblaues Shirt und grosse, goldene Ohrringe zum dunklen Lippenrouge.

Ob all diese vielen Engagements nicht auch eine Flucht vor dem Leben seien, wollte die Moderatorin wissen. Man könne die Probleme schon umgehen, sagte ich. Und dachte: Aber man kann ihnen nicht entgehen.
Ein kurzes Filmporträt zeigte dic sportliche Nicole beim Joggen am Rheinfall, beim fröhlichen Vorturnen in der Riege und als erfolgreiche Vollstreckerin beim Basketball. Es zeigte die verschleckte Nicole am Soft-Ice-Automaten und die häusliche Nicole in ihrer neuen Wohnung bei der Lektüre des «Tages-Anzeigers». «Es ist mir sehr wichtig, jeden Tag die Zeitung zu lesen», kommentierte ich.
Wer genau hinsah, konnte in dem Film auch die einsame Nicole erkennen. Die traurige Nicole sah man nicht. Sie fand in dieser Scheinwerferwelt keinen Platz – und blieb hinter dem Lachen ihrer dunklen Augen verborgen.
«Und da seht ihr meine wunderschöne Dachwohnung; ich bin erst kürzlich hier eingezogen.» «Gibt es denn da auch noch Platz für einen Mann?», wollte Patty mit kapriziösem Augenzwinkern wissen. Ganz spontan parierte ich ihre Koketterie: «Im Bett – immer!» Das war mir so rausgerutscht, am liebsten hätte ich mir die Zunge abgebissen. Doch schon hatte ich wieder die Lacher auf meiner Seite und Patty ihr Stichwort für die nächste Frivolität: «Was vermisst eine Frau

am meisten, die seit drei Jahren solo ist?» «Den Sex sicher nicht», erwiderte ich. Und gab frech noch eins drauf: «Den kann man sich auch so besorgen!»
Patty Boser kam schnell wieder zur Sache: «Wie muss der entsprechende Partner denn so beschaffen sein?» Äusserlichkeiten seien für mich zweitrangig, schwindelte ich und dachte dabei an meinen sportlichen, dunkelhaarigen Traumtyp. «Er braucht weder volle Lippen noch schöne Augen, aber er muss Pfeffer haben!» «Und outfitmässig?» «Ich stehe auf dunkel – schwarze Schuhe, schwarze Hose, schwarzes Hemd! Papageien mit Turnschuhen und Buntfaltenhose brauchen es gar nicht erst zu versuchen!»
Wenn es im Leben nur auch so einfach wie im TV-Studio wäre, das Publikum für sich zu gewinnen.
Zum Schluss des Interviews kam die Moderatorin mit der Astro-Analyse. «Du bist ja ganz schön ehrgeizig, steht da!» Patty Boser legte die Stirn in Falten und einen Ton in die Stimme, als sei Ehrgeiz etwas Obszönes. «Wenn ich etwas will», gab ich ihr Recht, «dann krieg' ich es – auch wenn's manchmal ein bisschen länger dauern sollte!» «Tatsächlich?» «Nur bei den Gefühlen – da stimmt das natürlich nicht; die bekommt man selten so, wie man sie gern hätte.»
«Und wenn du dann doch nicht findest, was du so gerne hättest?»
«Das Leben geht weiter – irgendwie ...» Ich lächelte in die Kamera und dachte: Oder auch nicht ...

Die Spielregel sieht vor, dass die Single-Frau den männlichen Kandidaten drei verfängliche Fragen stellt. Fragen, die – ebenso wie die mehr oder weniger originellen Antworten der Männer – zuvor schon vorbereitet worden sind. Wer sich

am besten aus der Affäre zu winden vermag, darf mit der Single-Frau auf Kosten von «Tele Züri» in einer Schicki-Micki-Beiz dinieren.
Alles Weitere sollte sich von selbst ergeben. Wenn überhaupt.
Das Kandidatentrio, das mir zur Auswahl gestellt wurde, war eine echte Enttäuschung: Fabio, Vittorio und Mario, alle drei 29 Jahre alt und alles andere als das Gelbe vom Ei.
Vittorio fabulierte von den Sternen, die er mir vom Himmel holen und zu Füssen legen würde, Mario wollte Lastwagenladungen voller Sand herankarren und mir damit einen Südseetraumstrand aufschütten. Aber keiner ging wirklich auf meine Fragen ein.
Als ich wissen wollte, mit welchem Werbespruch sie sich selbst anpreisen würden, verdrehte Fabio schwärmerisch die Augen: «Fabio-Pralinen, ohne Schokolade, aber süss und zart, mit einer knackigen Nuss im Innern – tiefgekühlt serviert!» Das war nun so was von hirnrissig, dass ich laut herauslachen musste.
Fabio war weit von dem entfernt, was ich mir unter einem tollen Hecht vorstellte: Ein etwas zu kurz geratener Börsenheini mit schütterem Haar und frechen Augen hinter Brillengläsern. Aber die beiden anderen Kandidaten gefielen mir noch weniger.
Und Fabio hatte immerhin einen gewissen Sinn für Realität bewiesen. Ich stand auf, ging auf ihn zu und hauchte ihm den Siegerkuss auf die Wange.
In der folgenden Woche durften wir unser romantisches Date zelebrieren – unter dem Auge der «Tele-Züri»-Kamera und in Begleitung einer ganzen Bande von TV-Leuten und anderen Kandidaten. Fabio tat mir fast ein bisschen leid,

aber er war nun wirklich nicht mein Fall. Ich liess ihn links liegen und schäkerte den ganzen Abend mit einem Typen, der in einer anderen Sendung teilgenommen hatte.

Mehr als ein Jahr später, im Juli 1999, hievt «Das Magazin» Roger Schawinskis quotenträchtige Strahlefrau auf den Cover: «Patty Boser – die erfolgreichste Kupplerin der Schweiz». Mag sein, dass an der Schlagzeile etwas dran ist. Meinen Traummann hat sie mir jedenfalls nicht herbeigekuppelt.
Eine Woche nach meiner Premiere als «Züri-Date»-Star – ich konnte ja nicht ahnen, dass ich schon bald wieder unter ganz anderen Umständen vor den TV-Kameras stehen würde! – war ich mir da plötzlich nicht mehr so ganz sicher. Als Hauptkandidatin durfte ich noch einmal im TV-Studio antanzen. Ich sollte – so verlangt es das Konzept der Show – in der Folgesendung die Bilanz meiner Abenteuer präsentieren. Mein Date mit Fabio gab allerdings herzlich wenig Stoff für eine romantische Story her, und so hielt sich meine Begeisterung über die Einladung zu Pattys zweiter Partner-Party in Grenzen. Die Enttäuschung über den Misserfolg der ersten war schmerzhafter, als ich mir eingestehen mochte. Jedenfalls musste ich mich zusammenreissen, um das geforderte Cliché des coolen, aufgestellten Züri-Chicks glaubwürdig rüberzubringen.

Und dann sah ich ihn: funkelnde, dunkle Augen und ein hinreissendes Lachen, das makellose Zähne freilegte. Schwarzes Haar, athletische Figur. Ich brachte in Erfahrung, dass er ein Kollege eines anderen Kandidaten war. Andi war ein Bild von einem Mann.

Ich habe mich von der Hülle blenden lassen. Einmal mehr.
Allerdings zum letzten Mal.
Ich ahnte nicht, wie vergänglich Schönheit sein kann ...

Geschlossene Abteilung

Flucht aus der Klinik

Wenn es eine Möglichkeit gegeben hätte, mich zwangseinzuweisen, hätten sie es bestimmt getan. Meine lieben Verwandten, die Pflegeeltern und die Ärzte im Universitätsspital hätten sich eine Menge Überzeugungsarbeit sparen können. Doch auch als «hochgradig suizidale Persönlichkeit» habe ich ein Recht auf freien Willen, und so müssen sie mich wochenlang bearbeiten, bis ich schliesslich meinen Widerstand gegen die «freiwillige Einweisung in stationäre psychiatrische Behandlung» aufgebe.
Von Freiwilligkeit kann allerdings nicht die Rede sein. Schon bald wird sich herausstellen, dass meine Vorbehalte berechtigt gewesen sind: Die Zeit, die ich unter psychisch kranken Menschen verbringe, kann meinen seelischen Zustand in keiner Weise stabilisieren.

Ende Juli 1998 begebe ich mich unter Protest in die Klinik H. Und unter Protest verlasse ich dieses Haus nach zwei Monaten wieder: Ich haue einfach ab.

In der Klinik ist jeder und jede dauernd nur mit sich selbst und den eigenen Problemen beschäftigt. Wenn man wirklich einen Menschen braucht, der einem zuhört, dann ist keiner da, der Zeit hat. «Machen Sie einen Termin ab», ist die lakonische Antwort, wenn ich mit einem Arzt reden will. Aber die Not meiner Seele richtet sich nicht nach der Agenda des Psychiaters.

Man kann es natürlich auch positiv sehen: Der Umstand, dass sich in der geschlossenen Abteilung kaum jemand um mich kümmert, hat den Vorteil, dass ich viel Zeit habe, über meine Zukunft nachzudenken.
Stundenlang sitze ich grübelnd in meinem Zimmer. Dabei wird mir immer mehr klar, dass ich mein lichtloses Leben nur in den Griff kriege, wenn ich es schaffe, ihm einen Inhalt zu geben. Mein übermächtiges Verlangen nach dem Tod gründet in der Überzeugung, dass mein Leben weder Freude macht, noch irgendeinen Sinn hat. Also muss ich etwas finden, das sinnvoll ist und Spass macht.
Das kann nur der Sport sein. Meine schönste Zeit im Lichtleben waren die Stunden, die ich während der Heimjahre im Hallenbad und später im Turnverein Uhwiesen als Leiterin der Jugendriege erlebte. Auch beim Joggen am Rheinufer oder beim Turnen in der Halle habe ich so etwas wie Glück empfunden. Ich war von Menschen umgeben, die mich respektierten und mit denen ich unbeschwert lachen konnte.
Dieser Körper hat zwar keine Augen mehr, aber ansonsten ist er kräftig und gesund. Wenn ich ihn nicht loswerden kann, soll er mir wenigstens die Befriedigung eines Erfolgserlebnisses bescheren.
Sport also, Behindertensport zwar, aber immerhin Sport. Die Frage ist nur: Welcher Sport? Leichtathletik würde mir gut gefallen. Oder Schwimmen. Im Wasser habe ich mich immer wohl gefühlt – ich kann mich nicht entscheiden. Ich greife also zum Telefon, erkundige mich bei Vereinen und Verbänden nach Trainingsmöglichkeiten – und lande schliesslich beim Club Intersport im Hallenbad Oerlikon, wo man mir einen Schwimmlehrer vermittelt. Mir fallen die 2000

Franken ein, die ich noch für meinen alten Golf lösen konnte, um einen Teil davon in den Luxus eines Privatlehrers zu investieren.
Ich beschliesse, in mein neues Leben hineinzuschwimmen. Vielleicht lerne ich so, es anzunehmen.
Es ist wohl der schwerwiegendste Entschluss seit dem Einbruch der Dunkelheit, ein Abenteuer, das mich fortan begleitet – und vielleicht auch am Leben erhält.

Walter Schneider, mein neuer Schwimmlehrer, ist nicht mehr der Jüngste, ich schätze ihn auf Anfang siebzig, und auch nicht der Grösste, seinen Spitznamen «Piccolo» trägt er zu Recht und nicht ohne Stolz. Aber er hat immerhin zwei Olympische Spiele bestritten – 1948 in London sowie 1952 in Helsinki –, und er ist bereit, jeden Tag hart mit mir zu arbeiten.
Doch ich habe die Rechnung ohne die Herren Psychiater gemacht: Jeden Morgen nach Zürich fahren, nur weil ich schwimmen möchte? Das komme auf keinen Fall in Frage, schlagen sie meine Bitte um die tägliche Ausgangsbewilligung ab. Schliesslich sei ich hier in der geschlossenen Abteilung, ausserdem hochgradig suizidal und blind obendrein. Wie ich mir das überhaupt vorstelle, schliesslich könnten sie mir nicht auch noch jemanden mitgeben, der mich nach Zürich begleite.
Ich kann es einfach nicht verstehen. Ich bin aufgebracht. Und finde keine diplomatischen Worte mehr: «Das darf ja wohl nicht wahr sein! Sehen Sie denn nicht, worum es wirklich geht? Ich finde das oberfies!»
Die ganze Zeit habe ich geglaubt, das Ziel dieser Therapie sei es, meine seelische Verfassung zu stabilisieren. Und jetzt

wollen mir diese Psycho-Doktoren die Chance verweigern, meine armselige Existenz mit Inhalt zu füllen. Das Einzige, was mir jetzt noch Freude und Trost geben kann, ist das Schwimmen!

«Nun, wenn es einmal pro Woche wäre, könnte man vielleicht ein Auge zudrücken. Zweimal höchstens ...»

«Nein! Ich muss mindestens viermal in der Woche trainieren können, besser noch jeden Tag – sonst hat es gar keinen Sinn!»

«Aber wie wollen Sie sich denn zurechtfinden, so ganz allein in der Stadt?»

«Ich werde mich noch ein Leben lang zurechtfinden müssen. Je früher ich anfange, es zu lernen, desto besser ...» Schliesslich lenken sie ein. «Gut, drei Tage in der Woche können Sie gehen. Aber wir übernehmen keine Verantwortung!»

Am Anfang lasse ich mich jeden Morgen mit dem Taxi fahren, später nehme ich den Ortsbus zum Bahnhof, wo ich die S-Bahn nach Zürich besteige.

In Oerlikon holt Piccolo mich vom Zug ab und fährt mich zum Hallenbad. Nach dem Training bringt er mich wieder zum Bahnhof.

So komme ich ganz gut zurecht. Und wenn ich einmal nicht weiterweiss, bleibe ich einfach stehen und warte, bis jemand meine Situation erkennt und mich anspricht, um mir Hilfe anzubieten.

Wie die Frau beim Bahnhof M.

An jenem späten Vormittag im August 1998 bin ich mir plötzlich nicht mehr sicher, ob ich wirklich aus dem vordersten Wagen des Zuges gestiegen bin. Jedenfalls kann ich auf dem Perron das Geländer am Anfang der Unterführung nicht ertas-

ten. Dort, wo ich es vermutet habe, greift meine Hand ins Leere. Plötzlich fühle ich mich schrecklich hilflos – vorsichtig und verunsichert setze ich einen Fuss vor den anderen ...
«Aber Fräulein, was machen Sie denn da?» Sie hat eine auffallend hohe Stimme mit deutschem Einschlag. «Darf ich Ihnen helfen?»
«Ich kann den blöden Ausgang nicht finden.»
Jetzt hat sie offenbar gemerkt, dass ich blind bin.
Sie bietet mir ihren Arm an und führt mich zum Bahnhofsgebäude. «Sie wären ja beinahe auf die Gleise gefallen!» Hoffentlich erfahren das die Leute in der Klinik nicht, denke ich, sonst meinen die schon, ich hätte mich vor einen Zug werfen wollen ...
«Wo wollen Sie denn hin?»
«In die Klinik H.; es gibt einen Bus dort hinauf.»
Die Frau geht mit mir in die Schalterhalle, um in Erfahrung zu bringen, wann der nächste Ortsbus abfährt. «Zur Klinik wollen Sie?», höre ich einen Mann sagen. «Wenn Sie wollen, fahre ich Sie gerne hin!» Ich nehme die Einladung dankend an, und die Frau, an deren Ellbogen ich hänge, möchte mich unbedingt bis dorthin begleiten. Die freundlichen Eheleute, in deren Auto die fremde Frau und ich Platz genommen haben, geben sich grosse Mühe, mich von der Güte unseres allmächtigen Vaters und seinen unergründlichen Wegen zu überzeugen. Jeder Mensch, predigen sie, habe halt sein Kreuz zu tragen.

Mehr als drei Monate später, Ende November 1998, wird mein Journi seine Reportage über mich veröffentlichen. Noch am Tag des Erscheinens wird er einen Anruf von seiner Mutter bekommen. Sie habe den Artikel mit grossem

Interesse gelesen. Und mit Staunen. Denn sie könne sich noch sehr gut an die blinde junge Frau erinnern, die ihr auf dem Bahnhof Meilen aufgefallen sei, weil sie so unsicher über den Perron gewankt und um ein Haar auf die Geleise gefallen sei ...

Das seien schon sehr seltsame Zufälle, meint mein Journi später immer wieder. «Wieso Zufälle?», frage ich dann. «Es war doch nur einer.» «Und der grönländische Samichlaus an deinem Geburtstag, war das etwa nicht auch ein höchst eigenartiges Zusammentreffen?»

Am 6. Dezember 1998 feiere ich mit dem einundzwanzigsten einen besonderen Geburtstag – es ist der erste, an dem ich die Menschen, die mir gratulieren, und die Geschenke, die ich auspacke, nicht sehen kann. Ich habe ein gutes Dutzend Gäste zu einem Nachtessen ins Zürcher Restaurant «Movie» eingeladen, meine Mutter und ihren Bruder, Marion und die Zwillinge, die Fotografin Tina und ihren Fritz, meinen Journi und seine Frau sowie die wenigen Freunde, die sich nicht von mir abgewendet haben. Marco sitzt neben mir, der Journi ihm gegenüber. Irgendwann kommen wir auf das abwechslungsreiche Reporterleben zu sprechen, und der Journi gibt die Story von seiner witzigsten und zugleich verrücktesten Vor-Ort-Recherche zum Besten.
Im Oktober vor drei Jahren sei das gewesen, als er innert wenigen Stunden einen Koffer gepackt habe und mit dem Präsidenten der Zürcher Samichlausgesellschaft und dessen Schmutzli nach Grönland geflogen sei. Dort nämlich hätten sich Weihnachtsmänner aus der ganzen Welt ein Stelldichein zwischen Eisbergen gegeben, um bei der ersten Samichlaus-

Olympiade, den «Santa-Games», Inuit-Kinder zu beglücken. Der italienische Weihnachtsmann habe sein Kostüm zu Hause vergessen und sich mit einem roten Bademantel und langen weissen Unterhosen zu helfen gewusst, und die beiden Schweizer Chläuse hätten immer alles besser wissen wollen. Den zwölf Jahre alten Whisky hätten sie mit zwölf Millionen Jahre alten Eiswürfeln gekühlt, und während eines Bootsausflugs zwischen treibenden Eisbergen sei dem dänischen Sieger der «Santa-Games» seine Goldmedaille ins Nordmeer gefallen, als er sich über die Reling des Fischkutters beugte, um zu sehen, wie die Inuit Eisschollen aus dem Wasser fischten, die sie später im Hotel als Eiswürfel feilbieten würden ... Wir haben es bemerkenswert lustig am oberen Ende des Tisches, und noch während uns der Journi seine Grönland-Abenteuer auftischt, bimmelt es an der Tür. «Was, du hier, Hans? Nein, das glaube ich nicht, das darf doch nicht wahr sein!» Der Journi flippt fast aus. «Drei Jahre haben wir einander nicht mehr gesehen, und in diesem Moment habe ich von euch und unseren Erlebnissen in Grönland erzählt! Das hier ist übrigens Nicole Deck, sie hat heute Geburtstag!» »Herzliche Gratulation», sagt eine tiefe, typische Samichlausstimme. «Ich weiss Bescheid – ich habe Sie kürzlich im Fernsehen gesehen!»
Der Mann reicht mir die Hand, und der Journi muss ihm meine Adresse aufschreiben. Wenige Tage später wird der Postbote mir ein Paket bringen, ein Paket vom Samichlaus mit einem Teddybären darin.
«Wenn es kein Zufall ist», sinniert mein Journi. «Was ist es dann? Vorsehung etwa?» Und er fängt an, über den Unterschied zwischen Zufall und Vorsehung zu philosophieren. Ich sehe das alles viel nüchterner und mache mich ein biss-

chen lustig über die Hinweise auf eine höhere Fügung, die er überall sehen will. «Es ist weder Vorsehung noch Zufall», sage ich, «wenn am 6. Dezember Samichläuse durch die Restaurants ziehen!»

Ich schweife ab und greife vor, und ich merke, dass ich mich davor drücke, zum Alltag in der psychiatrischen Klinik zurückzukehren. Am liebsten würde ich die beiden Monate, die ich in der Klinik H. verbracht habe, ganz aus meiner Erinnerung streichen.

Wenn ich daran denke, dass mein Aufenthalt hier dem Zweck dienen soll, mich vor mir selbst zu schützen, kann ich nur lachen. Hier könnte ich mich hundert Mal umbringen! Sie sind eifrig darauf bedacht, Messer, Scheren und andere gefährliche Gerätschaften, die ich ohnehin nicht sehen kann, von mir fern zu halten. Aber auf die Idee, einen Blick in mein Necessaire hinter dem Spiegelkästchen zu werfen, kommt keiner. Da drin habe ich meine Nagelschere und jede Menge Rasierklingen.

Die anderen Patientinnen auf der Frauenstation sind bedeutend schlimmer dran als ich, tragische Figuren allesamt – und so verschlossen, dass ich nur mit wenigen ein vernünftiges Gespräch führen kann. Am besten verstehe ich mich mit ein paar Leuten vom Personal. Mit einem Pfleger zum Beispiel, der zwar stockschwul ist, aber mir seine Sympathie zeigt und sich Zeit nimmt, mir zuzuhören. Oder Rosmarie, eine Patientin, die versteht, dass ich in der Psychiatrie nichts zu suchen habe. «Wenn du irgendwann hier rauskommst», sagt sie mir, kurz bevor sie entlassen wird, «und wenn du nicht weisst, wie es weitergehen soll, dann melde dich bei mir!»

Den ganzen Tag hänge ich untätig herum. Es gibt zwar einen Fitnessraum mit einem alten Drahtesel als Hometrainer, aber als der eines Tages defekt ist, kommt es niemandem in den Sinn, das Ding zu reparieren. Fernsehen, in meinem Fall halt «Fernhören», ist nur zu vorgeschriebenen Zeiten erlaubt – und dann läuft bestimmt irgendein Schrott.
Von regelmässigen Therapien kann keine Rede sein; jedes Mal muss man beim Psychologen um eine Sitzung betteln. Die einzigen Fixpunkte im Wochenablauf sind dienstags und donnerstags die Gruppengespräche. Dann setzen sich die Frauen in eine Runde und jede soll erzählen, wie sie sich gerade fühlt und wie es ihr in letzter Zeit ergangen ist. Aber kaum eine macht den Mund auf; alle sitzen verstockt und stumm da. Und so liegt es an mir, das Gespräch zu bestreiten: «Mir geht es wunderprächtig. Ihr glaubt ja nicht, wie glücklich es mich macht, dass ich mit euch zusammen sein darf ...» Ich plappere und plaudere, und die wenigsten schnallen, dass ich mich über den ganzen Zirkus hier lustig mache. Doch mit der Zeit merke ich, dass das nicht weiterhilft. Allmählich lässt die allgemeine Sprachlosigkeit auch mich verstummen.

Ich muss weg hier, so schnell wie möglich, ich kann nicht mehr länger unter diesen kranken Menschen leben.
«Ich will eine eigene Wohnung haben und selbständig sein», begehre ich auf, und der Psychiater sagt jedes Mal, ich müsse Geduld haben. Aber ich habe keine Geduld, ich will jetzt raus. Meine Mutter, die Pflegeeltern S. und sogar Marion

trauen mir jedoch nicht zu, dass ich es schaffe, auf eigenen Beinen zu stehen.
Meine Frustration schlägt um in Aggression, und die wächst mit jedem Tag, den ich länger hier verbringe.

Am Anfang habe ich ja noch Glück: Man teilt mir ein Einzelzimmer zu. Doch nach ungefähr sechs Wochen werde ich von der geschlossenen Abteilung auf die Psychotherapiestation verlegt, und dort muss ich das Zimmer mit einer anderen Patientin teilen. Sie ist klein, dick, fresssüchtig. Und sie hat das unstillbare Bedürfnis, sich selbst zu zerstören. Nicht, dass sie sich umbringen will, sie will sich verletzen. Eines Tages, als ich vom Schwimmen zurückkomme, sagt sie, sie müsse mir etwas gestehen: Sie habe in meinem Necessaire Rasierklingen entdeckt, und damit habe sie sich die Arme zerschnitten.
Ich habe nicht einmal Mitleid mit ihr. Aber ich spüre, wie eine unbändige Wut in mir aufsteigt, eine Wut gegen diese verfluchte Klinik und gegen alle, die mich hier festhalten wollen. Und meinen ganzen Zorn lasse ich an dieser bedauernswerten Frau aus. Ich bin richtig gemein zu ihr.
Da erkenne ich, dass der Aufenthalt hier für mich und andere gefährlich werden könnte. Ich glaube nicht, dass ich ein böser Mensch bin. Aber jetzt wird etwas Bösartiges in mir wach.
Ich muss weg.

In einem unbeobachteten Moment rufe ich Rosmarie an. «Weisst du noch», frage ich sie, «als du mir neulich gesagt hast, ich könne zu dir kommen, wenn ich ein Problem habe?»
«Natürlich!»

«Und dein Angebot steht noch?»
«Aber klar doch!»
«Ich halte es nicht mehr aus hier, ich muss weg – und zwar sofort!»
«Kein Problem. Du kannst bei mir wohnen, bis du etwas gefunden hast!»
Und so entlasse ich mich selbst. An einem Mittwochmorgen Ende Oktober schultere ich meine Sporttasche, marschiere aus der Klinik – und kehre ihr für immer den Rücken.
Nach dem Training holt Rosmarie mich am Bahnhof Meilen vom Zug ab. Wir fahren nach Oetwil am See, wo sie mich in ihrer Wohnung aufnimmt. Zwei Tage lang schenkt sie mir mehr als nur Zuwendung und Verständnis – sie widmet mir ihre uneingeschränkte Zeit und ihre ganze Hilfsbereitschaft: Sie gibt mir ein Bett zum Schlafen. Sie kocht für mich. Sie fährt mich ins Training.
Und sie liest mir die Wohnungsinserate im «Tages-Anzeiger» vor, während ich eine Nummer nach der anderen ins Telefon tippe.
Die meisten Wohnungen, die für mich in Frage kommen, sind schon vergeben.
«Aber ich hätte da noch etwas anderes für Sie», sagt eine freundliche Stimme. «Eine Drei-Zimmer-Wohnung in Zürich, schön und hell, mit Südbalkon.»
«Ich möchte sie mir gerne ansehen», sage ich, weil man das halt so sagt. Oder hätte ich sagen sollen: Ich möchte sie betreten und ertasten ...?

Ein Wohnblock am Rande eines Aussenquartiers der Stadt, erster Stock rechts. Es ist die erstbeste Wohnung, aber genau die ist mir gerade recht. «Ich möchte sofort einziehen!»

Die Frau von der Verwaltung ist erfreulich unkompliziert. «Die Arbeitgeberbestätigung können Sie auch später noch einreichen», sagt sie. «Ich vertraue Ihnen!» Und ich frage mich, ob diese Grosszügigkeit etwas mit meiner Behinderung zu tun haben könnte.
Zurück in Oetwil sucht Rosmarie im Telefonbuch die Nummer eines Zügelunternehmens heraus.

Meine schöne Dachwohnung steht längst leer; Marion hat sie schon aufgelöst, als ich noch in Zürich im Universitätsspital lag – ohne dass wir gross darüber diskutiert hätten, stand fest, das ich nie mehr dorthin zurückkehren würde, wo das Licht in meinem Leben erlosch.
Aber die Möbel gibt es noch.
Als Marion mit dem Ehepaar S. meine Wohnung auflöste, haben sie das Bett, die Polstergruppe und den Tisch mit den Stühlen bei zwei bekannten Familien eingestellt; den Rest meines Hausrates hat Marion in ihrer Winterthurer Wohnung untergebracht.
Meine Sachen finden locker in einem Kleintransporter Platz.

Ich staune, wie reibungslos alles abläuft. Am Mittwoch habe ich mich diskret aus der Klinik H. abgesetzt. Und am Samstag steht bereits der Zügelwagen vor meiner neuen Adresse. Die nette Hausverwalterin führt mich noch einmal durch die Wohnung. Sie beschreibt mir, während ich mich den Wänden entlangtaste, jedes Zimmer und erklärt mir die Schalter am Kochherd. Dann wünscht sie mir alles Gute, steckt den Schlüssel ins Schloss, drückt mir einen Kugelschreiber in die Hand und führt diese zu der Stelle unten rechts auf dem Mietvertrag, wo vermutlich «Der Mieter» steht.

Die letzte Unterschrift, die ich geleistet habe, denke ich, während ich den Schnörkel aufs Papier setze, steht auf der Empfangsbestätigung für eine «30er PK neun Millimeter». Das ist nun schon bald drei Monate her.
Fortan werde ich alles blind unterschreiben.

Zürich – ich kenne die Stadt recht gut; die Bilder sind wie Ansichtskarten in meinem Gedächtnis gespeichert.
Von der Gegend, die ich jetzt zu meiner neuen Heimat mache, habe ich nur eine vage Vorstellung. Aber von der Wohnung, die ab sofort mein neues Zuhause ist, mache ich mir ein konkretes Bild.
Mit den Händen erkunde ich den Vorraum, geradeaus die Küche, daneben das Bad. Links das Wohnzimmer, eine Türe führt in ein kleines Schlaf-, eine zweite zum Esszimmer und eine weitere auf den Balkon.
Warme Sonnenstrahlen dringen herein. Kindergeschrei. Dort hinten muss irgendwo eine Schule sein.
Ein neues Kapitel beginnt.
Ich bin frei. Und ich fühle mich sehr allein.

Andi

Der Ritter ist kein Retter

«Darf ich vorstellen?», sagte der Typ, der in der Sendung als Single-Kandidat angetreten war. «Das ist Andi, mein Kollege.»
«Freut mich, ich heisse Nicole.»
Ich lächelte Andi an und schaute ihm von unten tief und möglichst verführerisch in die Augen. Plötzlich versprach die «Züri-Date»-Party doch noch interessant zu werden.
Andi grinste zurück. Ganz offensichtlich hatte auch er Gefallen an mir gefunden.
Wir redeten über seine Arbeit – er jobbt im Computer-Business –, über Männer und Frauen und die Anziehungskräfte zwischen diesen. Ich spürte sie, diese Kraft, aber ich hörte auch meine innere Stimme. «Pass auf», sagte sie. «Der Kerl sieht viel zu gut aus; er ist gefährlich schön ...»

Ich hätte auf meine Stimme hören sollen. Sie hat meistens Recht. Aber meistens schlage ich ihren Rat in den Wind.

Es war absolut faszinierend, mit Andi zu diskutieren. Er sah nicht nur blendend aus, der Typ hatte auch was auf dem Kasten. Er trat selbstbewusst auf, ohne arrogant zu wirken. Er hatte Niveau, aber er war nicht blasiert. Sein Outfit zeugte von erlesenem Geschmack, wirkte aber nicht aufdringlich. Andi hatte den diskreten Charme eines Bonvivants. Ausserdem war er ledig und ungebunden. Das beteuerte er jedenfalls, und ich sah keinen Grund, an seinen Worten zu zweifeln.

Irgendwann – der DJ hatte gerade einen soften Rock aufgelegt – fragte Andi: «Hast du Lust zu tanzen?»
Als ich nickte, nahm er meine Hand und führte mich auf die Tanzfläche. Wir schmiegten unsere Körper aneinander, die Blicke ineinander versunken, und redeten und redeten. Erst, als unsere Lippen einander endlich fanden, verstummte das Gespräch.
Dieser erste Kuss war zwar nicht gerade eine sinnliche Offenbarung – ich habe Männer erlebt, die wesentlich kreativer küssen –, aber es ereignete sich mit einer so natürlichen Selbstverständlichkeit, dass ich Lust auf mehr bekam.
Andi war 32 Jahre alt und sah wesentlich jünger aus. Als ich fragte, wo er denn wohne, nannte er irgendein aargauisches Kaff hinter dem Mutschellen. «Ich lebe eigentlich auch auf dem Land, draussen am Rhein», sagte ich. «Aber im Moment wohne ich in der Stadt, ganz in der Nähe. Die Wohnung gehört einem früheren Arbeitskollegen. Der ist gerade in den Ferien, und ich hüte seine Katze ...»
Als die letzten Gäste in der Disco ihre Gläser leerten, hatten wir einander noch immer nicht alles erzählt. Wir verlegten unsere Diskussion in die Wohnung meines Kollegen. Der Morgen dämmerte schon, als wir endlich nebeneinander einschliefen, auf der Matratze, die ich in der fremden Wohnung auf dem Teppich improvisiert hatte.
Nach wenigen Stunden erwachte Andi. Er stand auf und zog sich an. «Ich habe mit Kollegen abgemacht, wir gehen auf eine Bike-Tour», sagte er, gab mir einen flüchtigen Kuss – und war weg.

Die ganze nächste Woche sah ich ihn nicht. Andi absolvierte seinen militärischen Wiederholungskurs – irgendwo im

Welschland, unerreichbar weit weg. Wir telefonierten miteinander, sooft es ging. Aber oft ging es nicht. Und Andi wollte mir nicht mehr aus dem Kopf gehen.

Die Stimme in mir auch nicht. Sie sagte: «Bleib cool, verlier nicht den Verstand; der Mann wird dich unglücklich machen!»

Doch im Bauch flatterten die Schmetterlinge. Meine Gedanken drehten sich nur noch um ihn – im Büro, beim Turnen mit der Jugi, abends in meiner Wohnung, überall war Andi dabei. Und ich musste mir eingestehen, dass ich mich hoffnungslos und unsterblich verliebt hatte. Aber ich wusste nicht, ob ich mich darüber freuen oder ärgern sollte.

Schon begann ich, mir eine Zukunft mit Andi auszumalen. Sie sah aus wie der Himmel auf Erden. Endlich, ein Silberstreifen am Horizont.

Doch die Realität war anders. Wenn ich doch nur auf meine innere Stimme gehört hätte! Dann wäre mir aufgefallen, dass Andi zwar viele schöne und kluge Worte von sich geben konnte, aber immer nur von sich selbst redete. Ich hätte gemerkt, dass hinter dem Kavalier, der im Restaurant diskret die Rechnung begleicht und ums Auto herum geht, um seiner Dame den Schlag aufzureissen, nichts als ein Neuzeit-Macho, ein Yuppie-Ritter steckt. Ich hätte seine emotionale Zurückhaltung, hinter der ich die vorsichtige Schüchternheit des gebrannten Kindes vermutete, als Gefühlskälte erkannt. Ich hätte die forsche Ungeduld seines fantasielosen Liebesspiels als puren sexuellen Egoismus entlarvt. Mir wäre auch klar geworden, warum Andi zwar zwei Autos fuhr – ein Cabriolet für die sonnigen, einen Sportflitzer für die kühleren Tage –, aber seine Wohnung mit geschmack-

losen Billig-Möbeln eingerichtet hatte: Er war einfach nur ein kleiner Angeber. Und ein grosser Egoist.
Ich hatte ihm sogar geglaubt, als er flunkerte, sein Namensvetter im Bundesrat – damals war er noch im Amt –, sei sein Onkel!
Andi war ein Blender. Alles, was er nach aussen zu sein vorgab, erwies sich bei genauerem Hinsehen als leere Fassade. Er war zwar schön und intelligent, aber auf der emotionalen Ebene ein Schwein. Diese Wahrheit sah ich nicht. Die Liebe hatte mich blind gemacht.

An den Wochenenden, die wir meistens bei ihm verbrachten – höchst selten fuhr er zu mir hinaus –, sass er vor der Flimmerkiste und hatte keine Zeit für mich. Und als dann die Fussball-Weltmeisterschaft begann, nahm er mich überhaupt nicht mehr zur Kenntnis.
Er konnte mir auf sehr subtile Weise zu verstehen geben, dass ich ihm nichts bedeutete. «Ich bin gerade unterwegs», sagte er zum Beispiel, wenn er im Auto mit jemandem telefonierte. Ich sass zwar neben ihm, aber er sagte nicht: «Wir sind unterwegs ...» Das waren nur kleine Nadelstiche, aber sie verletzten mich sehr.

Wenn mir der Sinn nach einer zärtlichen Umarmung stand, wies er mich barsch zurück; das, sagte er, schätze er gar nicht. Je mehr ich mich ihm öffnete, desto verschlossener wurde er. Je wärmer meine Gefühle für ihn wurden, desto frostiger reagierte er darauf.
Ich habe ihm alles gegeben, meine ganze Liebe und mein uneingeschränktes Vertrauen. Aber es kam nichts zurück.
Ich fragte mich, wieso dieser Mann mich so lieblos behan-

delte. Es gab zwei mögliche Erklärungen: Die eine ergab sich aus meinem Eindruck, den ich je länger je weniger loswerden konnte: Andi muss irgendwann einmal von einer Frau bitter enttäuscht worden sein. Und er hatte sich vorgenommen, sich dafür an allen Frauen zu rächen, indem er ihre Gefühle aufwühlte, missbrauchte und verletzte. Und in mir hatte er ein dankbares Opfer gefunden.
Oder: Andi liebte mich gar nicht. Ich war für ihn nur eine weitere Eroberung in seiner Sammlung. Deshalb fürchtete ich, dass sich all meine Gefühle als Fehlinvestitionen erweisen und all meine Hoffnungen wie Seifenblasen zerplatzen würden. Aber er musste mich doch lieben! Er musste doch sehen, dass er für mich der Retter war!

Irgendwann Mitte Juni stellte sich dann noch heraus, dass er bereits verheiratet gewesen war. Vor zwölf Jahren – Andi war damals zwanzig, also in meinem Alter – sei die Ehe geschieden worden, wurde mir erzählt.
«Andi, warum hast du mir das nie gesagt?»
«Warum hätte ich das tun sollen?»
«Weisst du es wirklich nicht? Dann tust du mir leid!»
«Erstens hat es mit uns nichts zu tun, und zweitens geht es dich überhaupt nichts an!»

Andi war also eine grosse Enttäuschung, aber ich verdanke ihm auch eine wichtige Erfahrung: Er hat mir gezeigt, was passieren kann, wenn man seine Freunde immer nur unter den Schönen und Erfolgreichen sucht.

Inzwischen spielt die äussere Schönheit für mich keine Rolle mehr. Ich habe zwar weniger Freunde denn je, eigentlich gar keine, aber ich weiss, dass ich früher gewiss weniger Enttäuschungen hätte einstecken müssen, wenn ich mich nicht so sehr auf Äusserlichkeiten versteift und jenen eine Chance gegeben hätte, die ich links liegen liess.

Mitte Juni 1998 erreichte mich auf der Bank, bei der ich arbeitete, ein Anruf von der Kantonspolizei. Ich solle doch bitte vorbeikommen, um eine Aussage zu machen. Heimleiter K. sei in Untersuchungshaft genommen worden, gegen ihn laufe ein Ermittlungsverfahren wegen unzüchtiger Handlungen mit Kindern.
Die Einvernahme dauerte drei Stunden. Ich gab der nüchternen Beamtin alles zu Protokoll, was der pädophile K. mit mir getrieben hatte. Ich sagte auch, dass ich das alles schon vor sechs Jahren ausgesagt hätte, als ich nach meinem ersten Selbstmordversuch im Spital lag.
K.s Verhaftung machte Schlagzeilen; doch die Sache verlief im Sand. Er gab zwar zu, dass er die beiden Buben, die ihn verklagt hatten, tatsächlich sexuell missbraucht hatte; doch nach dem damals geltenden Sexualstrafrecht waren diese Verfehlungen bereits verjährt. Und als ich von der Polizei nichts mehr hörte, nahm ich an, dass dies auch für die Verfehlungen gelte, denen ich zum Opfer gefallen war.
Am 21. Juni wurde das Verfahren eingestellt und K. aus der Untersuchungshaft entlassen.

Gut zwei Wochen danach wurde auch Andi von der Polizei vorgeladen, um zum Fall «Deck, Nicole; versuchte Selbsttötung, 3. Juli 1998» auszusagen.
Er erklärte die Tat mit dem Schock, den K.s Entlassung bei mir verursacht habe. Und gab zu Protokoll, dass er unser

letztes Rendez-vous am vorangegangenen Sonntag wegen einer Grippe nicht hätte einhalten können. Der Lügner, der elende.

Am Samstag davor war ich noch mit meiner Freundin Melanie am Winterthurer Albani-Fest gewesen. Und am Sonntag hatten wir mit dem Turnverein in Fehraltdorf Verbandsmeisterschaften. Dort wollte Andi uns treffen. Wir waren am Nachmittag um drei bei der Fahne verabredet. Ich hatte mich so auf ihn gefreut ...
Ich wartete vergeblich. Er nahm auch das Telefon nicht ab. Wenn er krank im Bett gelegen wäre, hätte ich ihn erreichen können.

Ich ahnte, dass dies die letzte Gelegenheit gewesen war, ihn zu sehen. Wieder war eine Hoffnung zerbrochen.
Ich spürte sie kommen. Die Krise war schon fast da.

Blind

Das böse Erwachen

Scheisse!

Etwas anderes fällt mir nicht ein. Enttäuschung und Verzweiflung, Wut und Angst – alles steckt in diesem kleinen, ordinären Wort. Es ist so schrecklich banal wie die Rückkehr des Bewusstseins. Wie dieses ganze Leben.

Ich erinnere mich an die Überwindung, die es mich gekostet hat, den rechten Zeigefinger zu krümmen. Aber dann habe ich es getan: Ich habe in meine Augen gesehen, abgedrückt und mich vom Leben befreit.

Und jetzt wirft mich dieses scheussliche Erwachen ins Leben zurück. Ich will es nicht glauben, aber ich muss: Ich habe meine Reise nicht angetreten.

Warum ist es nicht gelungen? Ich war mir so sicher ...

Warum habe ich schon wieder versagt?

Ich bin von Schläuchen durchdrungen und umgeben. Und ich höre Stimmen. Frauenstimmen – sie raunen und murmeln. Und seltsame Geräusche, ein Summen, Schnaufen und Piepsen. Alles andere als himmlische Harfenklänge. Aber sie kommen mir irgendwie bekannt vor.

«Frau Deck, können Sie mich hören?»

Ich versuche «Ja» zu sagen. Gleichzeitig fällt mir ein, woher ich diese Geräusche kenne – es sind Spitalgeräusche.

«Sie atmet spontan; wir können extubieren.»

Jetzt ziehen sie mir einen dieser Schläuche durch den Hals. Und ich merke, wie sich mein ganzer Körper dagegen aufbäumt. Ich habe ihn wirklich noch, diesen Körper.

Ich sitze nicht als jubilierender Engel auf Wolke sieben. Ich schwebe nicht als befreite Seele unter der Decke des Raumes, um auf meinen Leichnam hinabzuschauen. Ich sehe kein Licht am Ende eines langen Tunnels.
Ich sehe gar nichts.
Irgendetwas ist mit meinen Augen.

Ich kann nichts sehen. Nein, es ist anders. Ich sehe nicht nichts. Ich sehe nicht. Dieses Schwarz, das ist kein Schwarz. Es ist überhaupt keine Farbe. Es ist weniger als nichts.
Ein schrecklicher Verdacht kommt auf. Die Wahrheit, die ich ahne, ist furchtbar. Sie erfüllt mich mit panischer Angst. Scheisse. Scheisse. Verfluchte Scheisse! Mein Gott, bitte mach, dass es nicht wahr ist ...

«Bin ich blind?»
»Sie ist wach», sagt eine der Krankenschwestern.
«Ich hole den Arzt.» Das ist eine andere.
«Ganz ruhig.» Die Erste wieder. «Alles wird gut!»
Meine Hände tasten den Kopf ab. Die Augen sind mit dicken Wattebäuschen verklebt.
«Wo bin ich?» «Im Universitätsspital Zürich», sagt die Krankenschwester, die offenbar neben meinem Bett steht. «Auf der Intensivstation.»

«Grüezi, Frau Deck!» Das muss der Arzt sein.
«Bin ich blind?»
«Das Schlimmste ist vorüber; Sie sind ausser Lebensgefahr!»
Das ist ja das Schlimme, denke ich. Mein alter Sarkasmus ist mir auch noch geblieben.
«Bin ich blind?»

«Frau Deck, Sie müssen jetzt ganz stark sein ...»
«Werde ich jemals wieder sehen können?»
«Nein.»
«Das ist nicht wahr! Sagen Sie, dass es nicht wahr ist!»
«Es tut mir leid. Es ist so. Und es wird so bleiben.»
Und ich höre, wie ein schriller Schrei von den Wänden widerhallt.

Durch ein offenes Fenster dringt Donnergrollen herein. Ein Gewitter, das aufzieht. Bald wird der Regen prasseln.
Der Donner kracht und poltert, dazwischen schrilles Pfeifen, scharfes Knallen.
Das ist kein Gewitter. Das tönt wie eine Schlacht – es sind die Geräusche des Krieges, und ich bin mittendrin. Mein Schrei ist der Schmerz der Opfer, ich bin die Verwundete und die Geblendete, um mich herum detonieren Granaten, bellen Maschinengewehre, zischen Raketen ... Raketen?
Feuerwerksraketen. Genau: Es ist Freitagabend, 3. Juli: Heute feiern die Zürcher den Auftakt zu ihrem Seenachtsfest.
Ich habe Feuerwerke noch nie besonders gemocht. Aber jetzt würde ich gerne sehen, wie rote und blaue Blumen am Nachthimmel erblühen, goldene und silberne Kaskaden über schwarzem Wasser verglühen. Eine Orgie aus Licht und Farbe. Prächtig, und so vergänglich.
Zürich feiert. Aber das geht mich nichts mehr an. Das da draussen ist eine andere Welt.
Meine Welt ist jetzt drinnen. Da, wo mir sporadisch mein eigenes Feuerwerk vorgegaukelt wird. Blitze, die durch das Nichts zucken. Illusionen in Blau und Grün. Irritierende Irrlichter, von Hirnströmen choreographiert und ins Bewusstsein projiziert.

«Frau Deck, Sie haben Besuch.»
Ich höre Andis Stimme. Wie habe ich ihn geliebt, noch in den letzten Tagen. Jetzt steht er an meinem Bett, stammelt hilflos, wie leid ihm das alles tue, aber er könne doch auch nichts dafür. Und ich frage mich, wie ich mein Herz an diesen Mann verlieren konnte. Er bedeutet mir nichts mehr.
Meine Schwester Marion ist dabei und meine Mutter. Auch das Ehepaar S. ist gekommen – sie waren meine letzten Pflegeeltern, bis vor wenigen Monaten, als ich, nicht weit von ihrem Haus entfernt, in Dachsen meine erste eigene Wohnung bezog.
Ich spüre, wie alle sich bemühen, gefasst zu bleiben und die Tränen zurückzuhalten.
Ich erfahre, dass Andi, nachdem wir unser letztes Telefongespräch beendet hatten, die Nummer von Frau S. ausfindig gemacht hat. Er sorge sich sehr, weil ich gedroht hätte, mich umzubringen, er habe auch gehört, wie ich wild um mich geschossen hätte. Frau S. sei dann sofort zu mir gegangen. Meine Wohnungstür sei nicht verschlossen gewesen, sie sei hineingegangen und habe mich in der Nähe der Balkontür in meinem Blut liegen sehen – die Wucht des Geschosses muss mich meterweit durch den Raum geschleudert haben. In solchen Situationen sei sie keine Heldin, sagt Frau S. später, deshalb sei sie sofort wieder hinausgegangen und habe Polizei und Sanität alarmiert. Mit einem Helikopter der Rettungsflugwacht sei ich nach Zürich ins Universitätsspital geflogen worden.

Die massive Kopfverletzung lässt das Gehirn anschwellen; es presst sich gegen die Schädeldecke. Ohne das Morphium wäre der Schmerz unerträglich. Wenn es ganz schlimm wird, kann ich den Morphiumfluss mit einem kleinen Rädchen an der Infusion beschleunigen; dann fühle ich mich so beduselt, dass ich völlig abstruses Zeug daherplappere. Und trotzdem dröhnt es im Schädel.

«Grüezi, Frau Deck. Können Sie mich hören?»
«Ja, wer sind Sie?»
«Ich heisse Sandra. Ich mache hier die Patientenwache. Darf ich Du sagen?»
»Klar. Patientenwache? Du bewachst mich?«
»Ich bin einfach bei dir.«
»Sei ehrlich, du musst aufpassen, dass ich mir nichts antue, weil ich eine Selbstmörderin bin – eine unglückliche, erfolglose Selbstmörderin. Und du bist da, damit ich mir nicht die Schläuche aus dem Leib reisse und davonlaufe – ich weiss Bescheid! Dabei kann ich doch gar nicht weglaufen – blind, wie ich bin ...»
«Wir können darüber reden, wenn du willst, aber wir müssen leise sein; es ist noch eine andere Patientin hier, und die schläft schon.»
«Ich war so sicher, dass es diesmal gelingt. Und jetzt bin ich blind. Es ist so gemein!»
«Aber das Leben geht weiter, auch wenn du nichts mehr sehen kannst. Nimm es an; setz dir ein Ziel, für das es sich lohnt, weiterzukämpfen!»
»Ich will nicht leben, ich habe es nie gewollt!»

Sie wachen Tag und Nacht an meinem Bett. Sie begleiten mich auf die Toilette, und wenn die Verzweiflung mich überwältigt, nehmen sie meine Hand, halten sie fest und leiden wortlos mit. Wir füllen leere Stunden mit langen Gesprächen.

Es sind gute, tröstliche Gespräche mit anderen wildfremden Menschen.
Die Studenten, die mich im Spital bewachen, helfen mir über die schlimmste Zeit der ersten Tage hinweg. Sie machen zwar bloss ihren Job, aber sie nehmen mich ernst. Sie hören mir zu. Und sie geben mir das Gefühl, dass jemand mich versteht.

Aber wo bleiben die Kolleginnen von der Arbeit, die Kameraden vom Turnverein? All die Menschen, mit denen ich schöne Stunden verbracht, im Ausgang gelacht und von denen ich geglaubt habe, sie seien für mich so etwas wie Freunde geworden? Ein paar wenige besuchen mich oder rufen wenigstens einmal an. Und lassen dann nie mehr etwas von sich hören. Die meisten melden sich überhaupt nicht. Als habe es die guten Zeiten gar nie gegeben.
In dieser schlechten Zeit stellt sich heraus, wer die wirklichen Freunde sind. Und mir wird bewusst, dass ich keine Freunde mehr habe. Vielleicht nie welche gehabt habe.

Von jenen, die mich regelmässig besuchen, fühle ich mich unverstanden, mehr noch: Ich fühle mich verraten. Als ob ich mit der Blindheit nicht schon genug bestraft wäre, wollen sie mich jetzt auch noch einsperren. Als ob ich mit dem Augenlicht nicht schon genug verloren hätte, wollen sie mir jetzt auch noch die Freiheit wegnehmen.
Ich soll nach meiner Entlassung in eine psychiatrische Klinik abgeschoben werden.
Bei jedem Besuch reden sie auf mich ein, allen voran das Ehepaar S.: «Nicole, du musst doch einsehen, wie wichtig es ist, dass du unter Leute kommst, die sich um dich küm-

mern!» Sie meinten natürlich Leute, die mich nicht aus den Augen lassen und aufpassen, dass ich nicht noch einmal eine Dummheit begehe.

Aber niemand, auch nicht der beste Psychiater, wird mich daran hindern können, es wieder zu versuchen. Wenn alle, die ihres Lebens nicht mehr froh werden können, in die Klapsmühle gehörten, müsste man die halbe Bevölkerung einsperren.

Dauernd reden sie auf mich ein. «Wir können Sie natürlich nicht zwangseinweisen», sagt der Arzt, «Sie müssen es selbst entscheiden. Aber wir empfehlen Ihnen dringend eine stationäre psychiatrische Behandlung.» Auch Marion und meine Mutter haben sich gegen mich verbündet: «Sei doch vernünftig; es ist doch nur zu deinem Besten!» Und alle beteuern, dass sie es doch nur gut mit mir meinen.

«Glaubt ihr denn wirklich», entgegne ich, «ich könne neuen Lebensmut fassen, wenn ich unter lauter Psychopathen leben muss? Ich könne seelisch gesund werden, wenn alle anderen noch viel grössere Probleme haben?»

Aber sie nehmen mich nicht ernst, sie reden und reden und reden, Tag für Tag immer wieder dieselbe Litanei: «Es ist ja nur vorübergehend!» «Du wirst sehen, es wird dir gut tun!» Nein, ich will nicht! «Es ist völlig egal, wo ich bin. Entscheidend ist doch, mit wem ich zusammen bin. Ich möchte gesunde Menschen um mich haben ...»

«Also wir können dich nicht mehr bei uns aufnehmen», stellt meine frühere Pflegemutter klar. «Und alleine kannst du ja nicht zurechtkommen, jetzt, wo du auch noch blind bist ...» Auch Marion kann sich nicht vorstellen, wieder mit mir zusammenzuleben. Wir hätten es ja schon mal versucht, meint sie. Und sie hat schon Recht, wenn sie sagt, dass wir noch nie so häufig miteinander gezankt haben wie damals vor zwei Jahren, als wir in Winterthur während ein paar Monaten eine Wohnung teilten. Auch diese Phase meines Lebens hatte – nach meinem zweiten ernsthaften Versuch, mich umzubringen – im Spital geendet.

Damals hätte ich nie geglaubt, dass es so einfach ist, an Schlafmittel heranzukommen. Ich brauchte nur eine Reihe von Ärzten aufzusuchen, allen dieselbe Geschichte von meinen schlaflosen Nächten aufzutischen und jedes Mal eine Packung Rhohypnol aufzubewahren.
Eine massive Überdosis Rhohypnol, hatte ich gehört, wirke absolut tödlich.
Schliesslich waren fünfzig Kapseln beisammen. Das müsste bestimmt genügen, glaubte ich. Ich spülte sie alle mit Weisswein hinunter und legte mich ins Bett, um für immer einzuschlafen. Als ich erwachte, lag ich im Kantonsspital Winterthur, und mein Magen wurde ausgepumpt – es war dieselbe scheussliche Tortur wie damals, nach meinem ersten Versuch, aus dem Leben zu gehen.
Marion muss Verdacht geschöpft, nach mir gesehen und Alarm geschlagen haben. Sie hat es wohl als Zumutung empfunden und mir sehr übel genommen, dass ich mich in unserer gemeinsamen Wohnung habe umbringen wollen.
Dieses Risiko will sie jetzt offensichtlich nicht mehr eingehen.

Auch meine Mutter will mich nicht bei sich haben – wie sollte sie auch. Zwanzig Jahre lang hat sie ihre gesunden Kinder weggegeben. Da kann man wohl nicht erwarten, dass sie sich jetzt um eine blinde Tochter kümmert ...

«Ich kann ganz gut für mich selber schauen», sage ich trotzig, und füge mit bitterer Ironie hinzu: «Auch ohne Augen!» Aber sie trauen es mir nicht zu – wieder einmal wird mir bewusst, dass niemand an mich glaubt. Niemand will mir helfen.

Ich bin allein auf dieser Welt, mutterseelenallein.

Irgendwann haben sie meinen Widerstand gebrochen. Ich gebe auf. «Macht doch mit mir, was ihr wollt!»
Plötzlich geht alles sehr schnell. «Sie haben Glück», meint der Arzt optimistisch. «In der Klinik H. ist noch ein Platz frei!» «Na wunderbar», entgegne ich bitter. «Das habt ihr ja toll hingekriegt.»

Nach zwei Operationen und drei Wochen im Spital lasse ich mich Ende Juli nach Meilen fahren.
Es ist für mich wie eine Fahrt in den Wahnsinn.

Die Krise

... kam wie eine Erinnerung

Ich spürte sie kommen, die Krise, am letzten Wochenende im Juni 1998. Wie eine Flutwelle, die unaufhaltsam anrollt; eine Gewitterfront, die sich am Horizont der Seele auftürmt – bedrohlich, gefährlich. Aber ich fürchtete sie nicht. Sie konnte mich nicht schrecken. Im Gegenteil: Sie war mir auf seltsame Weise vertraut; denn eigentlich war sie ja schon immer da gewesen. Ich kannte sie, und wusste, dass ich ihr nicht würde entrinnen können.
Krise – das tönt so banal.

Mein Hausarzt, den ich am nächsten Montag aufsuchte, gab ihr einen besseren Namen: Er diagnostizierte eine «seelisch labile Phase», gab mir irgendwelche Psychopharmaka mit und schrieb mich für den Rest der Woche krank. «Wir sehen uns am Donnerstag», sagte er beim Abschied. «Bis dann bist du bestimmt wieder im Strumpf!» Wir kannten uns vom Vorstand des Vereins «Jugendarbeit Weinland», bei dem ich die Kassierin war.
Am Donnerstag sollte sich der ganze Vorstand zu einem Essen treffen, anschliessend waren wir bei meinem Arzt zum Dessert eingeladen. «Klar», sagte ich. «Bis dann!»
Ich fuhr wieder nach Hause und wählte die Nummer der Bank, bei der ich eine Ausbildung als Anlageberaterin begonnen hatte.
«Ich kann nicht zur Arbeit kommen», sagte ich. Mir fiel der Fisch ein, den ich am letzten Samstag gegessen hatte, als

ich mit Melanie am Albani-Fest war. «Wahnsinnige Magenschmerzen. Ich glaube, ich habe eine Fischvergiftung erwischt.»

Ich legte auf. Kroch wieder ins Bett. Starrte an die Decke und liess mich fallen. Die düstere Wolkenwand hatte sich in ein grosses, schwarzes Loch verwandelt.
Draussen wurde es Nacht und wieder Tag. Drinnen blieb es dunkel. Ich schlief, erwachte und dämmerte wieder weg – ein Rhythmus, der sich nicht mehr am Kreislauf des Sonnenlichts orientierte.
Dann dachte ich an Andi, der meine Gefühle verraten hatte. An mein Leben, das seinen Sinn verloren, eigentlich noch nie einen gehabt hatte. Und an den Tod, der mir wie ein guter Freund vorkam: Der Weg aus der Krise ...
Zwischendurch stand ich auf, kaufte mir beim Bäcker etwas zu essen, ging nach Hause zurück, legte mich wieder ins Bett und rollte mich unter der Decke zusammen.

Plötzlich war er da, irgendwann in der Nacht auf den Donnerstag – der Gedanke. Kein spektakulärer Beschluss, den man nach reiflicher Überlegung fasst. Eher eine ferne Erinnerung, etwas, das ich schon lange wusste, das irgendwann aber in Vergessenheit geraten und mir jetzt wieder eingefallen war.
Es war die völlig selbstverständliche Erkenntnis, dass ich in den Tod gehen werde.
Plötzlich war die alte Energie wieder da. Ich entwickelte eine fieberhafte Hektik, wie jemand, der ganz unerwartet und sehr kurzfristig eine grosse Reise antreten wird. Und eigentlich war es ja auch genau so. Das lange Warten – auf

was auch immer – hatte endlich ein Ende; die dumpfe Schwermut war einer Aufgeregtheit gewichen, in die sich Vorfreude und Abschiedsschmerz mischten.
Ich musste es möglichst schnell hinter mich bringen, denn länger als ein paar Tage würde ich nicht ungestört bleiben. Ich fürchtete, dass jemand kommen und mich aufhalten würde.

Zunächst einmal galt es, die richtige Methode zu wählen. Schlafmittel kamen nicht in Frage, damit waren schon zwei Versuche fehlgeschlagen. Auch der Plastiksack, den ich mir einmal probeweise über den Kopf gestülpt hatte, um mich zu ersticken, erwies sich als untauglich – genauso wie das Experiment mit dem hochgiftigen Quecksilber, das ich einem zerbrochenen Fieberthermometer entnommen und geschluckt hatte.
Diesmal musste ich auf Nummer sicher gehen. Todsicher.
Sollte ich mich vor einen Zug werfen?
Ich verwarf den Gedanken rasch, das war nicht mein Stil. Es musste bessere Möglichkeiten geben. Mit dem Fön in die Badewanne? Könnte furchtbar schmerzhaft sein. Und unsicher. Von einem Hochhaus springen? Auch nicht. Ich stellte mir vor, dass ich den Sturz überleben könnte – schwerverletzt, höchstwahrscheinlich gelähmt. Ich hatte von Menschen gehört, die nach einem solchen Sturz nur noch mit den Augen rollen konnten. Und zum Weiterleben verdammt waren.
Schnell musste es gehen, möglichst schmerzlos und erfolgreich. Da gab es eigentlich nur eines: Ich werde mich erschiessen. Mit einer Pistole. In den Kopf. Das kann nicht schief gehen.

Es war ein beruhigender Gedanke. Er liess mich ruhig einschlafen.

Am Morgen ging ich zum Kiosk und kaufte mir die «Schweizerische Waffenzeitung» und die «Fundgrube». Ich ging die Inserate in der Rubrik «Waffen» durch, doch die Enttäuschung war gross: Es wurden zwar jede Menge Pistolen zum Verkauf angeboten, doch ohne Waffenschein hatte ich keine Chance. Wie um alles in der Welt konnte ich mir so eine Pistole beschaffen?

Während ich in der «Fundgrube» blätterte, kam mir Markus H. in den Sinn. Ich hatte ihn vor zwei Jahren kennen gelernt – über ein «Fundgrube»-Inserat in der Rubrik «Erotik». Damals war es mir ja so peinlich, aber ich fand es auf eine absurde Art auch witzig, als sich herausstellte, dass ausgerechnet dieser Freier der Gärtner meines Vorgesetzten bei der Versicherung war. Markus war ein netter Kerl. Vielleicht hatte er sich sogar in mich verliebt. Er hätte wohl gerne viel mehr von mir gewollt, als ich zu geben bereit war.

Ich rief ihn an, weil ich mich an den Besuch in seinem Ferienhaus erinnerte, an die Fachzeitschriften, die dort überall herumlagen, und an seine Waffensammlung.

Ich hatte sogar noch die Nummer seines Handys. Markus nahm sofort ab.

«Hier ist Nicole, weisst du noch?» Es war immerhin zwei Jahre her, seit wir einander zuletzt gesehen hatten. Aber er konnte sich gut an mich erinnern.

«Wie geht's dir denn so? Hast du jetzt endlich eine Freundin gefunden?»

«Ach, du weisst ja: Ich hab kein Glück bei den Frauen. Aber es freut mich riesig, dass du an mich denkst!»

«Wir sollten wieder einmal zusammen ausgehen», säuselte ich. «Zum Essen oder so. Hättest du Lust?»
«Finde ich grossartig!» Markus war hell begeistert.
«Ich hätte da noch eine kleine Frage ...» Langsam kam ich zur Sache. «Weisst du noch, als wir uns über den Schiesssport unterhielten?» Klar, er hatte nichts vergessen.
«Jetzt habe ich mich in Zürich für einen Schiesskurs angemeldet, am Samstag im Albisgüetli. Das Dumme ist nur: Ich habe noch keine Waffe ...»
«Ist doch kein Problem», sagte er. «Ich leih dir gerne eine Pistole aus.»
«Echt? Markus, du bist ein Schatz! Wenn's dir passt, komme ich heute Abend noch bei dir vorbei.»
«Nicht nötig, ich bringe sie dir morgen früh, hab eh in der Gegend zu tun.»
«Du weisst ja gar nicht, wie froh ich bin. Am Sonntag bring ich dir die Pistole wieder zurück, und dann lade ich dich zum Nachtessen ein!»
Am Sonntag, dachte ich, als ich den Hörer auflegte, gibt es keine Nicole Deck mehr.

Plötzlich ging alles so schnell, viel schneller und reibungsloser, als ich erwartet hatte. Ich wusste, dass meine letzten 24 Stunden angebrochen waren, und ich taumelte zwischen Verzweiflung und Euphorie.
Dabei gab es noch so viel zu tun: Ich überlegte mir, wem ich einen Abschiedsbrief schreiben sollte. Und was ich noch für das Grill-Fest morgen Abend vorbereiten sollte. Die Tradition des Turnvereins Uhwiesen verlangt, das jedes Aktivmitglied, das 20 Jahre alt geworden ist, die andern zu einem kleinen Fest einlädt. Ich würde zwar selber nicht mehr dabei

sein können; aber es wäre unfair gewesen, die Party platzen zu lassen, nur weil ich meine Pflichten nicht erledigt hatte.
Für Dienstag war noch das Abschlussfest der Jugend-Riege angesagt, deren Leiterin ich war.
Aber noch hatte ich die Pistole nicht. Ich beschloss, alle anstehenden Aufgaben so lange aufzuschieben, bis ich ganz sicher sein konnte, dass meiner Reise nichts mehr im Weg stand.

Ich brannte vor Ungeduld. Wenn es doch nur schon Freitag wäre.
Obwohl ich mich noch immer miserabel fühlte, beschloss ich, am Abend zum Essen mit dem Vorstand des Vereins «Jugendarbeit Weinland» zu gehen. Die Gemeinschaft mit den Vorstandskollegen würde mir erstens die Wartezeit verkürzen, und zweitens konnte ich so vermeiden, dass jemand sich meinetwegen Sorgen machen und womöglich noch auf die Idee kommen könnte, mich aufzusuchen.
Mit dem Nachtessen nahmen wir Abschied von einem Kollegen: Der Jugendarbeiter des Vereins wollte uns verlassen. Und ich nahm – ganz allein für mich – Abschied von der ganzen Welt.
Wir hatten uns im «Paradiesli» verabredet, einem Fischrestaurant direkt am Rhein, in einer kleinen thurgauischen Ortschaft, die den schönen Namen Paradies trägt. Ausgerechnet.
An jenem Abend schaute ich in mich hinein und zurück auf das Leben, das hinter mir lag. Bilder zogen an mir vorbei. Ich sah meine Mutter, die mir keine Nestwärme geben konnte. Meine Schwester, mit der mich so viel verband und die doch so anders war als ich.

«Haben Sie schon etwas gefunden?»
«Wie bitte? Ach so, ja, ich nehme ... das Entrecôte, mit Teigwaren. Und eine Cola light, bitte.»

Die Eiszapfen vor dem Fenster des Ferienhauses. Der Heimleiter, der mein Schweigen mit Schoggistängeli bezahlt hat, nun aber selbst nicht mehr dafür bezahlen muss. Männer, die meinen Körper kauften ohne Liebe zu geben. Andere, deren Liebe ich verschmäht hatte. Renato, der Junge vom Mittelmeerstrand. Andi, der Liebhaber, der mich nicht lieb haben wollte.
Und ich fragte mich, wer von ihnen wohl an meinem Grab stehen würde.

«Nicole, du bist aber ganz schön mies drauf heute! Geht's dir nicht gut?»
«Nein, nein, es geht schon, danke! Ich hab' bloss Kopfschmerzen, den ganzen Tag schon!» Noch selten fiel es mir derart schwer, den Zustand meines Gemütes zu überspielen.
Trotzdem gab ich mir weiterhin alle Mühe und fuhr nach dem Essen sogar noch mit der ganzen Bande nach Benken, wo der Arzt ein opulentes Dessert-Buffet vorbereitet hatte. Er tischte Kaffee auf und Schnaps und reichte Schokoladencrème und Brownies dazu.
«Und?», fragte er, als er mich sah, «wieder im Strumpf?» Ich zuckte die Schultern. «Die Medikamente haben nicht viel gebracht. Jetzt habe ich auch noch Kopfschmerzen ...»
Die Gespräche drehten sich um Belanglosigkeiten aus dem Vereinsleben; ich hatte Mühe ihnen zu folgen. «Mein Kopf, ihr entschuldigt mich bitte.» Die Kollegen hatten volles Verständnis, als ich mich vorzeitig verabschiedete ...

Zum letzten Mal setzte ich mich in meinen silberblauen Golf – es regnete in Strömen. Angestrengt starrte ich zwischen den rasenden Scheibenwischern auf die Strasse. Das nervtötende Hin und Her erinnerte mich an mein Leben. Einen Augenblick lang erkannte ich alles klar und deutlich, und im nächsten Moment verschwamm es wieder vor den Augen. Ich nahm mir vor, gleich ins Bett zu gehen. Im Schlaf würde die Zeit am schnellsten vergehen. Die Zeit, bis Markus kommt.
Mit der Pistole.

3. Juli 1998

Das Licht geht aus

Irgendetwas weckte mich. Ich hatte lange und tief geschlafen. Die Morgensonne schickte ihre Strahlen durch die Dachfenster. Es war Freitag, kurz vor neun.
Da läutete es noch einmal. Markus, dachte ich. Das musste er sein.
Er hatte sich nicht verändert; wir begrüssten einander, als wären wir gute alte Freunde.
«Willst du etwas trinken?»
«Eine Cola, gern», sagte er, legte die Tasche auf den Tisch und nahm die Pistole heraus.
«Eine 30er PK.» Liebevoll schaute er auf die Waffe und wog sie in der Hand. «Neun Millimeter. Sehr zuverlässig – und kinderleicht zu bedienen.»
Auf dem Weg zum Kühlschrank fiel mein Blick auf zwei Flaschen Rioja, die auf der Anrichte in einer Ecke standen. Ich hatte sie schon vor einigen Wochen gekauft. Für Andi und mich. Am Sonntag hätten wir sie aufmachen und dabei – in aller Ruhe bei einem guten Glas Roten – noch einmal alles besprechen wollen ... Aber dann hatte er mich wieder versetzt. Er kam einfach nicht. Der Saukerl, dieser arrogante Herzensbrecher, hat mich sitzen lassen.
Ich habe ihn geliebt, dachte ich. Ich liebe ihn immer noch. Und ich hasse ihn.
Ich schenkte Markus ein und konnte dabei den Blick nicht von diesem zuverlässigen, kinderleicht zu bedienenden Stück Eisen lösen. Bald würde es mich erlösen. Erlösen –

das tönt so fromm. Aber ich war davon überzeugt, dass es eine Erlösung sein würde.
«... sind bei so einem Schiesskurs schnell durchgeschossen – Nicole! Hörst du mir überhaupt zu?»
«Jaja, schnell durchgeschossen ...»
«Ich sagte: Hundert Schuss seien ...»
«Hab ich doch schon verstanden!»
Aus dem Sack brachte er eine kleine, schwere Schachtel zum Vorschein und nahm sechs kupferfarbene Patronen heraus. «Beim Laden musst du darauf achten, dass die silberne Spitze immer nach vorne, in Richtung Lauf zeigt!» Er schob eine nach der anderen in das Magazin. «So kannst du sie mit sanftem Druck hineinschieben.»
Wenn er nur endlich ginge. Ich hatte noch so viel zu erledigen. Und wollte alleine sein. Allein mit dem Ding da.
«... Schussabgabe runternehmen und sichern. Kannst du mir folgen? Nicole! Hast du mich verstanden?»
«Ja doch. Der kleine Hebel da ist zum Sichern.»
«Also: Im Schiessstand, beim Einzelschiessen, musst du die Waffe nach jeder Schussabgabe sichern.»
«Ist doch logisch!»
Und wenn ich es nicht schaffe? Wenn ich den Mut nicht aufbringe, das Ding an den Kopf zu halten? Und abzudrücken? Dann werde ich ihn anrufen. Wenn ich mit Andi rede, wird es mir leichter fallen.
«Das da solltest du mir noch unterschreiben.» Markus legte einen Block mit Quittungsformularen auf den Tisch und schrieb etwas auf. «Wegen der Polizei. Dass ich dir das alles erklärt habe und so ...»
Er reichte mir den Kugelschreiber. «Immerhin ist das eine tödliche Waffe; da gibt es halt gewisse Vorschriften.»

Ich las es gar nicht. Was ich auf meinem letzten Formular unterschrieb, interessierte mich nicht mehr.
Es würde sich erweisen, dass ich meine Unterschrift zum letzten Mal sah. Aber es sollte noch viele Formulare zum Unterzeichnen geben.
Ich merkte nicht einmal, dass Markus beim Datum den 3. 6. hingeschrieben hatte. Wo heute doch der 3. Juli war. Der Tag meiner Abreise.
Bevor Markus ging, zog er das Magazin aus dem Pistolenknauf. Die Patronen liess er drin.
«Du hast mir da wirklich aus der Patsche geholfen, Markus. Am Sonntag kriegst du die Pistole wieder. Und dann hast du von mir ein Nachtessen zugut!» «Mindestens», sagte er augenzwinkernd.
Tut mir leid, Markus, dass ich dich anlügen muss, dachte ich, während er mir einen Abschiedskuss auf die Wange drückte. Aber das mit dem Nachtessen wird wohl nichts werden. Dafür bist der Letzte, der mich küssen darf.
Es würde sich erweisen, dass Markus mich wohl zum letzten Mal küsste. Aber er sollte nicht der Letzte sein.

Da lag es auf dem Tisch. Das Ende von Nicole Deck. Ich nahm es in die Hand. Ganz schön schwer. Ich legte es wieder hin und liess es auf dem Tisch liegen, aber ich schloss die Wohnung hinter mir ab.
Zum letzten Mal tippte ich meinen PIN-Code in die Tastatur des Bancomaten und liess mir 1000 Franken auszahlen. Es würde sich erweisen, dass ich auch weiterhin auf die Dienste des Bancomaten angewiesen sein würde. Aber ich sollte ihn nie mehr ohne fremde Hilfe bedienen können. Ich würde anderen Menschen vertrauen müssen. Und mir

damit viel Ärger einhandeln. Es sollte mich noch eine Menge Geld kosten.

Beim Bäcker bezahlte ich das Brot für den Grillabend.
Als ich nach Hause zurückkehrte, war es schon später Vormittag.
Zum letzten Mal betrat ich meine gemütliche, kleine Dachwohnung. Ich hatte mich wohl gefühlt hier, oft allerdings auch sehr einsam – aber das lag nicht an der Wohnung.
Es würde sich erweisen, dass ich diese Wohnung tatsächlich nie mehr betreten sollte.

Ich setzte mich vor den Computer, warf ihn an und schrieb vier Abschiedsbriefe.
Meine Schwester setzte ich sozusagen als Haupterbin ein. Sie sollte über alles, was ich hinterlassen würde, verfügen. Ausser der alten Stereo-Anlage – die sollte künftig im Jugendraum Dachsen stehen.
Und meine letzten Pflegeeltern sollten das Auto bekommen.
Dem Präsident des Turnvereins Uhwiesen erklärte ich, dass die Grilladen und das Brot auf meinen Namen reserviert seien und nur noch abgeholt werden müssten. Und er solle das Abschiedsgeschenk für Urs nicht vergessen, einen Büchergutschein für 100 Franken.
Der letzte Brief galt Andi. Ich musste ihm in aller Deutlichkeit sagen, warum er mein Herz gebrochen hatte. Aber auch, dass ich ihn immer noch liebte. Und dass er nicht der einzige Grund war für das, was jetzt geschehen sollte.
Ich druckte die vier Briefe aus, legte sie auf den Schreibtisch und stellte den Computer ab. Dann steckte ich das Geld mit den 1000 Franken in ein Couvert und legte es

neben die Briefe. Damit sollten die noch ausstehenden Rechnungen beglichen werden.

Dann war es soweit. Was jetzt geschah, wird für immer in meinem Gedächtnis bleiben. Wie ein Film – Szene für Szene.

Ich sitze auf dem Teppich und versuche einen klaren Gedanken zu fassen.
Ich habe mein Todesurteil selbst gefällt. Ich muss es auch selbst vollstrecken.
Ist es wirklich so? Gibt es kein Wiedererwägungsgesuch? Keine Begnadigungsinstanz?
Nein. Gibt es nicht.
Wieder die beiden Stimmen in mir.
Wo ist die Pistole? Immer noch auf dem Tisch.
Lass sie liegen!
Nimm sie!
Sie ist schwer wie Blei. Das Magazin flutscht ganz leicht in die Öffnung.
Spanischer Rotwein. Ich öffne die erste Flasche und setze sie an den Mund. Der Wein wird mich beruhigen. Aber ich darf nicht einschlafen.
Prost Andi – ich wollte ihn mit dir trinken. Jetzt trinke ich ihn halt alleine. Du hast mir gezeigt, dass ich nichts wert bin.
Andi. Dabei hätte mit dir vielleicht alles anders werden können. Aber jetzt wird es bestimmt anders. Ganz anders.
Du brauchst dich nicht schuldig zu fühlen. Du kannst nichts dafür; das Fass war schon randvoll, als du in mein Leben kamst. Du warst nur der letzte Tropfen. Und jetzt läuft es über.

Der letzte Tropfen ... Ich leere die erste Flasche und öffne die zweite. Noch ein Schluck – ich hoffe nur, dass ich mich nicht übergeben muss.
Ich hole das Telefon und wähle Andis Geschäftsnummer.

«Nicole, ich kann jetzt nicht reden. Nicht hier!»
«Du musst mir zuhören, Andi!»
«Was ist los mit dir? Bist du betrunken?»
«Andi – es geht mir nicht gut!»
«Okay, ich ruf dich zurück, ich muss nur rasch in mein Büro gehen!»
«Ich bin zu Hause; du hast drei Minuten!»
Ich sitze auf dem Teppich, neben mir die Weinflasche. Sie ist schon fast leer. Auf der anderen Seite die 30er PK, geladen und entsichert.
Das Telefon läutet. Immerhin hält er sein Versprechen.
«Wir haben nicht viel Zeit, Nicole. Ich muss an eine Sitzung.»
«Ich wollte mich nur persönlich von dir verabschieden.»
«Was soll das heissen?»
«Dass ich mir jetzt das Leben nehme, das soll es heissen!»
«Ach komm, hör doch auf rumzuspinnen!»
«Aber es ist so; ich meine es ernst!»
«Nicole, du bist völlig betrunken.»
«Ja, das bin ich.» Ich trinke die Flasche aus, nehme die Pistole in die Hand. Dann richte ich den Lauf zum Cheminée und drücke ab. Der Rückschlag wirft mir beinahe den Hörer aus der Hand.
«Nicole – bist du noch da?»
«Glaubst du mir jetzt?»
«Nicole, tu's nicht! Ich komme heute Abend zu dir, dann können wir über alles reden ...»

«... dann werde ich nicht mehr leben. Es ist zu spät!»
«Ich liebe dich, glaub mir doch!»
«Du lügst schon wieder, du hast mich die ganze Zeit immer nur belogen!»
Und ich schicke meinen Worten eine zweite und eine dritte Kugel hinterher.
«Denk doch an unsere Zukunft, Nicole!»
«Es gibt keine Zukunft!»
«Warte auf mich, ich komme am Abend ...»
«Mach's bei der Nächsten besser! Ich habe dich wirklich geliebt. Leb wohl, Andi ...», sage ich und hänge auf.

Ich sitze im Schneidersitz vor dem Cheminée und weiss, dass ich nicht mehr viel Zeit habe.
Ich erinnere mich an einen Kriegsfilm im Fernsehen. Soldaten quälten ihre Gefangenen mit dem sadistischen Spiel «Russisches Roulette». Sie legten eine Kugel in den Revolver und liessen die Trommel mit einer Bewegung der flachen Hand rotieren. Dann gaben sie die Waffe ihrem Opfer in die Hand. Der Gefangene musste sich den Lauf an die Schläfe pressen und abdrücken. Wenn er Glück hatte, machte es nur leise «klick». In der nächsten Runde steckten sie zwei Patronen in die Trommel.
Ich bin froh, dass das hier kein Revolver ist. Mit einer Pistole kann man nicht Russisches Roulette spielen. Drei Schuss sind noch im Magazin.
Andi könnte irgendjemanden angerufen haben. Vielleicht sind sie schon auf dem Weg zu mir.
Ich richte mich auf. Der Lauf fühlt sich warm an auf der Haut. Mein Blick fällt auf das Bild über dem Cheminée. Das Werk der Strassenkünstlerin, entstanden im Frühling vor

einem Jahr auf der Rambla von Barcelona. Es zeigt das Porträt eines jungen Mädchens: Lange Locken, volle Lippen und grosse, dunkel glänzende Augen – hinter Glas in Kohle verewigt.
Verewigt?
Ich konzentriere mich auf meinen rechten Zeigefinger und schaue tief in die Augen, die vor einem Jahr meine Augen waren.
«Ciao, Nicole», sage ich zu mir.
Und tue es.

Wenn es wahr wäre, dass die Vergangenheit an dem Punkt endet, bei dem die Zukunft beginnt, würde hier das Pendel stehen bleiben. Und mit dem Punkt hinter dem letzten Wort auf der letzten Seite dieses Buches wäre meine Geschichte zu Ende.
Inzwischen weiss ich, dass es nicht so ist. Nichts fängt an und nichts hört auf. Alles ist ineinander verwoben.

Das Pendel blieb nicht stehen. Es bekam nur eine andere Schwingung.

Barcelona 97

Lieber Andi,
Eigentlich liest sich dies peinlich an, aber ich werde Dir nun einen Abschiedsbrief schreiben. Ich war die ganze Woche mit schweren Depressionen geplagt, auch wegen Dir. Ich bin wieder einmal mehr zu der Erkenntnis gekommen, dass ich nie aus diesem Teufelskreis herauskommen werde und mir immer als Versagerin vorkomme. Du hast mich ja nicht gerade vom Gegenteil überzeugt. Weisst Du, ich habe in meinem Leben nie einen Mann so geliebt wie Dich und ich werde es auch nie mehr. Mein Herz ist ein grosser Scherbenhaufen und wird nie mehr reparierbar sein. Ich frage mich aber eigentlich wieso gerade Du? Ausser einem wirklich guten Aussehen und einer gewissen Grosszügigkeit, ach ja und die Allgemeinbildung, hast Du nicht viel vorzuweisen. Deine Sprüche sind echt fast immer unter der Gürtellinie gewesen und von Zärtlichkeit war auch nicht viel zu spüren. Gute Gespräche führen war wohl für Dich auch ein Fremdwort, obwohl ich an unserem ersten Abend immer gedacht habe, wir wären auf der Gesprächsebene auf dem gleichen Level. Vielleicht konntest Du bei unserer Episode einfach nicht die gleichen Gefühle aufbringen wie ich und warst lange zu feige, mir das auch zu verstehen zu geben. Dennoch hat mein Verstand immer mit dem Warnblinker reagiert, aber eben das Herz ...
Ich hatte mir einmal versprochen, entweder Du oder keiner. Für Dich hätte ich wirklich Berge versetzt, alles (ausser Mord) für Dich getan. Du warst jedoch nie richtig ehrlich zu mir, ich hatte zumindest immer das Gefühl. Ach was soll ich hier noch weiter über was war und ist und sein sollte, es bringt ja eh nichts mehr. Ich hoffe einfach, dass die nächste Frau in Dei-

nem Leben einen anderen Andi kennenlernt als ich. Übrigens der Ventilator hat einen Durchmesser von drei Metern, ich habe extra noch nachgefragt, also habe ich gar nicht so dermassen übertrieben oder? Noch was zur Bemerkung ich lerne nichts mehr von den Männern! Ich bin wieder dieser Meinung, Du hast sie sogar noch bestärkt, mal ganz ehrlich, glaubst Du wirklich, dass Du mit Deinem Verhalten auch nur etwas Positives an einen Mitmenschen weitergeben kannst? Wenn Du jetzt ja sagst, tust Du mir leid.
So, jetzt habe ich meinem Herzen etwas Luft gemacht, ich könnte Dir noch so viel sagen, aber die Zeit drängt etwas. Wie Du vielleicht schon bemerkt hast, beende ich mein Leben. Du alleine bist nicht der Grund aber auch einer davon. Ich komme einfach nicht mit meinem Leben klar, meine ganze Vergangenheit nimmt mich wieder ein und unter den ständigen Depressionen kann ich auch nicht mehr leben. Es ist vielleicht etwas feige, einfach aus dem Leben zu treten aber mir die Waffe an den Kopf zu halten und abzudrücken braucht auch etwas Mut.
Ich wünsche Dir wirklich alles Gute und etwas, das ich wirklich ernst meine ..... ICH LIEBE DICH !!!!!!!!

Liebe Marion

Das ist wohl das letzte Schreiben an Dich und ich mach es auch nur um mich noch von Dir zu verabschieden. Ja, Du hast richtig gelesen, ich bin wieder einmal lebensmüde und ich werde auch immer ständig in solche Phasen treten, wo ich mir ernsthaft überlege, hat das Leben noch einen Sinn?

Ich denke, ich werde immer auf der Verliererseite stehen und nie etwas zustande bringen. Ich habe wieder einmal mehr über mein Leben nachgedacht und ich fühle mich dermassen unglücklich und die ewigen Depressionen werden auch nie enden. Ich fühle mich ständig als eine Versagerin, eine die nichts kann und ist und auch nie etwas sein wird. Ich habe einfach zu grosse Mühe mein Leben zu verarbeiten und es ist keine Energic vorhanden. Eigentlich ist es total feige aus dem Leben auszusteigen, aber glaub mir, es braucht auch Mut, die Pistole zu nehmen, an den Kopf zu halten und abzudrücken. Werde ich da schreckliche Schmerzen haben?

Eigentlich möchte ich nur etwas zu meinem Nachlass sagen. Du bist selbstverständlich die Erbin von allem was mir gehört, ausser die Stereoanlage im Schlafzimmer, die bekommt Erika Widmer für den Jugendraum.

Mein Auto vermache ich als erstes V. und E. S., wenn's diese nicht wollen, kannst Du es haben und wenn Du es auch nicht möchtest, gib es bitte Biggi Exer, sie hat keines.

Tja Marion, mehr kann ich gar nicht schreiben, ich wünsche Dir alles Gute und mach Du Deinen Weg im Leben, ich werde immer auf Dich hinabschauen, sofern es wirklich einen Himmel gibt, und an Dich denken.

Einen dicken Kuss

Lieber Rolf
Auch Dir sollte ich noch einige Zeilen schreiben, vorallem wegen der Jugi ...
Ich möchte hier nicht lange und gross erläutern, wieso ich meinem Leben ein Ende gesetzt habe, falls es Dich wirklich interessiert, frag meine Eltern.
Nächsten Dienstag ist ja Abschluss bei der Jugi und ich habe in Dachsen beim Beck Brot auf meinen Namen bestellt und bei Niedermann noch Fleisch, wenn dies vielleicht jemand holen würde. Für Urs muss noch ein Gutschein für Bücher im Wert von CHF 100.00 gekauft werden, ich hab's nicht mehr geschafft. Die Jugi trifft sich am Dienstag um 18.00 Uhr bei der Bachdelle in Dachsen. Urs hat bei seiner Hochzeit noch CHF 100.00 gespendet, die scheinbar noch nicht gebraucht wurden, damit kann man jedem eine Glace schenken.
Mehr ist nicht zu sagen, die Unterlagen wirst Du über die Jugi schon irgendwie bekommen.
Ich bitte Dich auch noch, alle anderen und Ruth von mir zu grüssen, es hat mir wirklich sehr viel Spass gemacht im Verein und Du warst oder bist ein super Präsident.

PS. Ich hab Dir noch das Geld, welches der Jugi gehört beigelegt.

Liebe V., Lieber E.
Ich hoffe, dass wenn Ihr diese Zeilen lest, ich schon an einem besseren Ort bin ...
Ich habe ja die ganze Woche wieder an wirklich schlimmen Depressionen gelitten und ich kann sowas einfach nicht mehr durchstehen. Ich weiss, diese werden nie aufhören und ich werde mir immer als Versagerin und Nichtsnutz vorkommen. Ich glaube einfach nicht mehr, dass ich einen Platz in diesem Leben habe und ich bin vor allem sehr lebensmüde. Klar, ich habe einige Dinge getan, die nicht unbedingt von einer reifen Leistung zeugen, aber im Grund wollte ich einfach auch ein wenig glücklich sein, irgendwie habe ich dies nach meinem bisherigen Leben auch verdient oder? Ich komme mir einfach wie ein hilfloses kleines Kind vor, das ständig Fehler macht und im nachhinein alles wieder bereut.
Dazu verbrauchten meine ewigen Stimmungsschwankungen schon enorm viel Energie, die ich eigentlich zum Leben bräuchte. Irgendwie bin ich auch zu der Erkenntnis gelangt, dass ich nie etwas erreichen werde, immer auf der Verliererseite stehen werde und so kann und möchte ich nicht mehr leben. Vielleicht findet ihr das sehr feige, aber sich eine Pistole an den Kopf zu halten und abzudrücken braucht auch enorm Mut.
Ich möchte Euch eigentlich für alles danken, ich war nicht immer eine leichte Tochter, habe viel Mist gebaut und ihr habt immer zu mir gehalten. Wie schon gesagt, ihr bekommt ein Ehrenwölkchen im Himmel. Meinen Nachlass gebe ich neu Marion, falls Ihr das Auto gebrauchen könnt, würde ich es Euch gerne geben. Die Stereoanlage im Schlafzimmer könnt

Ihr Erika für den Jugendraum geben, grüsst sie und die Kinder von mir ...
Übrigens Andreas ist nicht der Grund, wieso ich mein Leben beenden möchte, den gab's vor fünf Jahren und vor zwei Jahren auch noch nicht, aber ich liebte ihn so dermassen, dass ein Leben ohne ihn noch weniger Sinn hat.
Es tut mir übrigens leid, dass ich Euch über meinen Tod hinaus noch Ärger mache, aber ich kann und möchte nicht mehr.
Bitte schaut, dass die wenigen Abschiedsbriefe auch weitergeleitet werden.
Ich habe Euch ganz fest lieb .... und danke nochmals für alles ....

Das letzte Jahr

9. Oktober 1999
An der Vernissage in der Zuger „Gewürzmühle» wird das Buch „Ich schwimme ins Leben» vorgestellt.
Über eine Tierarztpraxis hat Nicole einen Wohn- und Lebenspartner vermittelt bekommen: Pepsi, ein schwarz-weisser Kater.

28. Oktober 1999
Der Zuger Immobilienunternehmer Hubert Braendle wird durch das Buch auf Nicole Deck aufmerksam, empfiehlt sich ihr als Fitness-Trainer – und verliebt sich. Nicole findet den ersehnten Partner.

1. November 1999
Umzug an die Gujerstrasse 1 in Zürich-Oerlikon.

Januar 2000
Nicole reduziert die Psychotherapie bei Thomas Steiner von zwei auf eine Wochensitzung.

16. Februar 2000
Der TV-Sender Pro 7 lädt Nicole zu einem Casting nach Potsdam ein.

28. Februar 2000
Das Bezirksgericht Pfäffikon heisst Nicoles Rekurs gegen die Einstellung des Verfahrens gegen Heimleiter K. gut.

17. März 2000
Auftritt in der TV-Show «Arabella» (Pro 7).

21. März 2000
Beginn Sprachausbildung an der Theaterhochschule Zürich.

Mitte Mai 2000
Mit Freund Hubi eine Woche Ferien auf Sardinien. Zum letzten Mal schwimmt Nicole im Mittelmeer.

25. Mai 2000
Als Ehrengast eröffnet Nicole an den «Euro-Games» in Zürich die Schwimm-Wettkämpfe, obwohl sie mittlerweile nicht mehr für die Paralympics in Sydney trainiert.

Mitte Juni 2000
Nicole bricht die Psychotherapie endgültig ab. Erneuter Kontakt zur Sterbehilfeorganisation «Exit».

3. Juli 2000
Nicole ist seit zwei Jahren blind. Die Frauenzeitschrift «annabelle» macht ein Foto-Shooting mit ihr. Grill-Abend mit Freunden in Cham.

6. Juli 2000
Nicole ordert per Post bei einem Arzt ein tödliches Barbiturat; Freunde intervenieren.

Mitte Juli 2000
Nicole beschafft sich das Gift über eine andere Quelle.

27. Juli 2000
Nicole schluckt den tödlichen Cocktail und fällt ins Koma.

29. Juli 2000
Um 19.20 Uhr stirbt Nicole Deck im Zürcher Stadtspital Waid.

7. August 2000
Trauerfeier in der Kapelle des Friedhofs Rosenberg, Winterthur.

8. August 2000
Der Zürcher Pfarrer Ernst Sieber gründet den Verein «inVita» als Anlaufstelle für Suizidgefährdete und gibt im «Zischtigsclub» zu Nicole Decks Tod im Schweizer Fernsehen die Gründung bekannt.

Phänomen Borderline

«Borderline, das gibt es gar nicht!», sagte vor 20 Jahren einer meiner Professoren, auf den ich grosse Stücke hielt. Heute ist ihm der Begriff nicht mehr fremd. Das Borderline-Syndrom ist für uns Psychotherapeuten etwas Alltägliches geworden. Dabei ist es gar nicht so einfach, diese Diagnose zu stellen: Menschen, auf die sie zutrifft, sind sehr verschieden, es gibt sie in allen Schattierungen, in fast allen Berufen und in allen sozialen Schichten. Auch der Schweregrad der Störung ist unterschiedlich: Es gibt Menschen mit Borderline-Strukturen, die kaum in schwere Krisen geraten, und andere, die immer wieder auf den Schutz einer Klinik angewiesen sind.

Nicole Deck kämpfte u. a. mit den Schwierigkeiten, die sich aus einer Borderline-Störung ergeben. Mit ihr erlebte ich als Psychotherapeut etwas ganz Besonderes und in dieser Form auch Einmaliges. Denn was in einer Therapiesitzung erzählt wird, ist gewöhnlich für andere Ohren tabu. Ich selbst unterstehe der Schweigepflicht und rate auch meinen Patienten, möglichst wenig aus der Therapie hinauszutragen, denn Therapie ist ein Prozess, der durch Öffentlichkeit gestört werden kann.

Im deutschsprachigen Raum liegen derzeit noch keine verlässlichen Zahlen für das Vorkommen der Borderline-Störung vor. Hingegen wissen wir, dass in den USA 13 von

1000 Personen daran erkrankt sind. Schaut man die Biographien von Borderline-Patienten an, stellt man eine hohe Rate an sexuellem Missbrauch fest (75%). Es erstaunt deshalb nicht, dass Frauen von dieser Erkrankung deutlich mehr betroffen sind als Männer: Rund drei Viertel aller Borderline-Patienten sind Frauen.

Borderline-Erkrankungen sind nicht auf die westlichen Industrienationen beschränkt. Dennoch stellt man Unterschiede fest: Je offener eine Gesellschaft ist, d.h. je weniger Leitplanken, d.h. offensichtliche Begrenzungen sie dem Einzelnen setzt, desto mehr manifeste Borderline-Erkrankungen scheint sie zu produzieren. Keine andere psychische Erkrankung hat sich in den letzten Jahren weltweit derart verbreitet. Dabei ist erstaunlich, wie wenig Rücksicht die Zunahme auf kulturbedingte Unterschiede nimmt.

Suizidalität ist bei Borderline-Patienten leider oft ein zentrales Thema: Die Suizidrate liegt zwischen 5 und 10%. Diese hohe Zahl zeigt an, dass für viele der Patienten das Leben oft als unerträgliche Last empfunden wird. Wieviel Leid und Leiden dabei erlebt werden muss, wird noch deutlicher, wenn man weiss, dass jedem Suizid fünf bis acht Suizidversuche vorangehen.

Nicole Deck habe ich als eine Person brillanter Intelligenz kennen gelernt, die vordergründig ein gut angepasstes Verhalten zeigte und über ein hohes Mass an Feinfühligkeit und auch an Empfindlichkeit verfügte. Sie hatte Schalk und jede Menge Charme, konnte aber auch entwaffnend offen und unangenehm direkt sein. Sie verfügte ohne jeden Zweifel über ein aussergewöhnliches Potenzial von Fähigkeiten, doch leider war es ihr nicht immer möglich, diese wunschgemäss abzurufen: Die Borderline-Störung verhindert dies.

Wenn ich im Folgenden versuche, Wesentliches dieses Syndroms zu beschreiben, muss ich vor der Folgerung warnen, dies alles treffe auf Nicole Deck zu. Bei jedem Menschen mit einer Borderline-Störung sind die Symptome unterschiedlich gemischt, verschieden gewichtet und aus einer anderen Lebensgeschichte angefallen und geformt worden. Einzelnes mag für Nicole Deck exakt zutreffen, anderes überhaupt nicht. Als Beispiel kann ich etwa die Selbstverletzungen anführen, welche bei Borderline-Patienten oft beobachtet werden. Dazu gehören: sich mit Rasiermessern schneiden, sich mit Schmirgelpapier die Extremitäten blutig scheuern, unablässiges Schlagen des Kopfes gegen eine Wand, Gliedmassen abbinden, sich absichtlich mit Zigaretten brennen und anderes mehr. Ein solches Verhalten trifft bei Nicole Deck nicht zu. Auf der andern Seite gibt es Borderline-Patienten, die noch nie einen Suizidversuch unternommen haben. Dies zeigt: Die Menschen bleiben, auch wenn sie die gleiche Diagnose haben, als Persönlichkeiten einzigartig.

Was ist das Wesentliche der Borderline-Störung?
Das bekannteste amerikanische Manual über psychische Störungen bezeichnet als Hauptmerkmal die Instabilität.
Es sind drei Bereiche, in welchen sich diese Instabilität besonders deutlich niederschlägt und für die Betroffenen mit enormen Schwierigkeiten verbunden ist: *Das Bild vom eigenen Selbst*, die *zwischenmenschlichen Beziehungen* und die *Stimmungen*.

Zum *Bild vom eigenen Selbst* gehören u.a. langfristige Ziele, die sexuelle Orientierung, die persönlichen Wertvorstellungen, die Art der Freunde oder Lebenspartner. Instabilität in diesem Bereich bedeutet beispielsweise, dass man sich in keiner Weise darauf verlassen kann, dass ein Berufswunsch (langfristiges Ziel) für die Dauer einer Ausbildung erhalten bleibt, oder dass man sich seiner Homo- oder Heterosexualität sicher ist. Die Unsicherheiten in diesem Bereich verhindern, dass sich ein stabiles Gefühl der eigenen Identität bilden kann. Es erstaunt deshalb nicht, dass Menschen mit manifester Borderline-Störung oft von einem Gefühl der Leere gequält werden.

Die *zwischenmenschlichen Beziehungen* werden in der Regel sehr intensiv erlebt. Hier zeigt sich die Instabilität durch heftige und abrupte Wechsel, wie die Bezugspersonen erlebt werden. Es gibt Phasen der übermässigen Idealisierung, welche durch eigentlich geringfügige Enttäuschungen blitzschnell in umfassende Entwertung münden können. Da Menschen mit Borderline-Störungen das Alleinsein als äusserst schwierig empfinden, sind sie oft aus innerer Not gezwungen, die Beziehungspartner entweder abzuwerten oder zu idealisieren, bevor der auslösende Konflikt wirklich bearbeitet werden kann. Oft steht der Beziehungsabbruch als einzige Alternative zur Verfügung.
Dieses Phänomen spielt auch in der Therapie eine entscheidende Rolle. Borderline-Patienten neigen aus den eben dargestellten Gründen auch stark zu Therapieabbrüchen. Es ist deshalb für eine Therapie von primärer Bedeutung, ob es gelingt, eine mehr oder weniger stabile Therapiebeziehung zu erarbeiten.

Der dritte Bereich, in welchem sich die Instabilität massiv auswirken kann, ist *die Stimmung*. Wir Menschen sind immer in irgendeiner Form gestimmt. Abrupte Stimmungswechsel, die uns durch äussere Ereignisse aufgezwungen werden, sind uns in der Regel unangenehm. Daher versuchen wir auch, durch Kontrolle die äusseren Einflüsse zu filtern. Die Borderline-Patienten können diese äusseren Einwirkungen nur ungenügend kontrollieren und erleben sich deshalb ausgeprägten Schwankungen ausgesetzt. Die Stimmung kann für Stunden ins Bodenlose der Depression abgleiten oder sich zu Angst und Panik wandeln. Häufig erleben sich die Betroffenen auch äusserst gereizt, zornig und wütend. Eine weitere Schwierigkeit ist die Tendenz zu impulsiven Handlungen, d. h. zu Aktivitäten, die sich schädigend für sie auswirken können, wie etwa, wahlloser Geschlechtsverkehr, rücksichtsloses Autofahren und Substanzmissbrauch (d. h. Alkohol, Medikamente, Drogen).

Bei der Frage, welches der Mechanismus sein könnte, der all den erwähnten Phänomenen zugrunde liegt, hat sich eine Hypothese als einleuchtend erwiesen: Man geht davon aus, dass es Borderline-Patienten nicht genügend gelingt, ihre Empfindungen, ihre Emotionen zu regulieren.
Dieser Ansatz wurde von Marsha Linehan entwickelt, die sich als Professorin an der Universität Seattle intensiv dem Thema der Therapie suizidaler Borderline-Patientinnen gewidmet hat.
Drei Gründe sollen für die Schwierigkeit, Emotionen regulieren zu können, verantwortlich sein:
Erstens zeigen Menschen mit Borderline-Störungen eine erhöhte Sensitivität für Reize, die Emotionen auslösen. Zwei-

tens nehmen sie die ausgelösten Emotionen mit einer übersteigerten Intensität wahr, und drittens wird der so erreichte Erregungszustand nur mit einer verzögerten Rückbildung wieder abgebaut. Dadurch entstehen Spannungszustände, die als nicht kontrollierbar erlebt werden und die ein unerträgliches Ausmass erreichen können.
Als Beispiel kann man sich vorstellen, dass ein Mann mit Borderline-Störung auf einer Zugfahrt im Tunnel stecken bleibt. Dieser Umstand vermag bei vielen Menschen ein wenig Besorgnis auszulösen. Unser Mann hingegen gerät in Angst, da seine erhöhte Sensitivität diesen Reiz (Zug bleibt im Tunnel stehen) ausserordentlich stark wahrnimmt. Er nimmt diese Angst mit einer übersteigerten Intensität wahr und erlebt nun Panik. Obwohl sich der Zug schon bald wieder in Bewegung setzt und der Mann den Zug bei der nächsten Station verlassen kann, gelingt es ihm nicht sich zu beruhigen. Die verzögerte Rückbildung des Erregungszustandes verhindert dies. Selbst Stunden später kann er noch in Anspannung sein. Sind die Spannungszustände sehr hoch und können nicht verarbeitet werden, kann es vorkommen, dass der Betroffene versucht, die Spannung durch ein impulsives oder selbstschädigendes Verhalten zu beeinflussen, zum Beispiel indem er sich mit dem Messer schneidet.

Welches sind denn die Voraussetzungen für die Entwicklung einer Borderline-Störung?
Auf diese Frage gibt es keine gesicherten Antworten. Ob neurobiologische Faktoren an der ungenügenden Emotionsmodulation beteiligt sind ist ungeklärt. Hingegen herrscht weitgehend Einigkeit darüber, dass entwicklungspsychologische

und psychosoziale Faktoren an der Entwicklung der Borderline-Störung beteiligt sind.
Ein familiäres Umfeld, welches die Entwicklung dieser Störung begünstigt, zeigt folgendes Merkmal: Die Gefühlsäusserungen des Kindes werden missachtet oder verzerrt. Beispiel: Ein Kind kommt zum Vater und sagt: «Mir tut der Fuss weh!» Vater: «Das kann gar nicht sein, sonst könntest du nicht mehr stehen.»

Gewalt, sexueller und psychischer Missbrauch sowie Vernachlässigung sind weitere typische Merkmale, welche die Entwicklung von Borderline-Störungen fördern, wobei sexueller Missbrauch häufig an einer Borderline-Entwicklung beteiligt ist. Gerade die Tatsache, dass der traumatisierende Täter oft mit einer geliebten Bezugsperson identisch ist, könnte dafür verantwortlich sein, dass später intensive Bindungen zu Personen eingegangen werden, die wiederum misshandeln, ausnützen und vernachlässigen.

Es ist mir klar, dass meine Ausführungen zur Borderline-Problematik das Thema nicht umfassend darstellen können. Diese Einführung ist für den interessierten Leser gedacht und berücksichtigt nicht alle wichtigen psychotherapeutischen Ansätze und Forschungsergebnisse. Weiterführende Literatur ist in allen spezialisierten oder grösseren Buchhandlungen erhältlich.

Mit diesem Buch wagte Nicole Deck die Umkehrung: Mit gefährdender Offenheit erzählte sie ihre Lebensgeschichte. Weshalb machte sie das? Hat eine Therapie unter diesen Umständen überhaupt eine Chance?

Ich habe das Buchprojekt von Daniel Schüz und Nicole Deck von Anfang an unterstützt, weil jede Auseinandersetzung mit der eigenen Lebensgeschichte wichtig und sinnvoll ist. Auch Therapie ist immer ein Begegnen mit der eigenen Biografie, aber darüber hinaus bietet sie eine Beziehungsmöglichkeit, mit welcher korrektive Erfahrungen gemacht und neue Perspektiven erarbeitet werden können.

Thomas Steiner, Psychotherapeut FSP

Dank

Ich habe mir lange überlegt, ob ich jemanden kenne, dem ich dieses Buch widmen könnte. Ich kenne niemanden. Trotzdem möchte ich das Buch einer Person widmen: einem Menschen, der sein Leben beenden will. Und der nach der Lektüre beschliesst, es nicht zu tun.

Aber ich kenne viele Menschen, denen ich danken möchte. Menschen, die mich auf dem Weg durch die Finsternis begleiten, unterstützten und ermutigten.

Alle, die mir hilfreich zur Seite standen, schliesse ich in meinen Dank ein.

Zürich, im August 1999
Nicole Deck

Pfarrer Ernst Sieber

Licht im Tunnel

«Was ich euch im Dunkeln sage, das saget im Licht, und was ihr ins Ohr hört, das predigt auch auf den Dächern.» *Matthäus, 10, 27.*

Pfarrer Sieber ist den Spuren des Franz von Assisi gefolgt. Er malte und meditierte in den alten Mauern der Franziskusstadt. Auf der Rückreise nach Zürich lässt er uns teilhaben an seinen Gedanken. Er steuert den VW-Bus, spricht mit dem rostigen Christus, erinnert sich an die wichtigsten Etappen in seinem Leben und Wirken: ans Maderanertal, an Horgen, Hirzel, Altstetten, Selnau, Platzspitz, Bern, Letten, Aids-Spital Sune-Egge, Urdorf, Zell, Roggwil, Wangs, Ramsen.

Ausgangspunkt ist die Christus-Botschaft. Ziel die Vision der «Neuen Stadt», das Projekt «Jetz passiert's», mit der geplanten Ordenskommunität im Spiesshof in Ramsen.

Unterwegs trifft er Freunde. Ausgestiegene steigen zu. Mit ihnen tauchen Erinnerungen an die Begegnungen in den verschiedenen Sozialwerk-Stationen neu wieder auf. Unterwegssein für und mit den anderen, für Menschen in Not und Bedrängnis, Solidarität mit den Ausgeschlossenen, das ist die Aufgabe des Pfarrers. Nach wie vor. Wir brauchen seine, er braucht unsere Hilfe.

Siebers Texte und Bilder, seine Predigten, Abdankungen, Reden – sei es auf dem Friedhof der Namenlosen oder im Parlament –, sind ein Zeitdokument.

Das ausgehende 20. Jahrhundert ist geprägt von Gewinnoptimierung, Arbeitslosigkeit, Ausgrenzung. Diese Chronik eines unerschrocken Unermüdlichen setzt etwas dagegen. Sein Kampf gegen Vorurteile und Gleichgültigkeit lässt Hoffnung zu. Licht in den dunklen Tagen - Licht im Tunnel. *H. R.*